ANDREAS KNUF

Ruhe da oben!

ANDREAS KNUF

Ruhe da oben!

Der Weg zu einem gelassenen Geist

arbor

Arbor Verlag
Freiburg im Breisgau

Wichtiger Hinweis

Die Ratschläge zur Selbstbehandlung in diesem Buch sind vom Autor und vom Verlag sorgfältig erwogen und geprüft worden. Dennoch kann eine Garantie nicht übernommen werden. Sie brauchen psychotherapeutische Hilfe, wenn Sie sich durch die Übungen von Emotionen und Erinnerungen überwältigt fühlen. Bei ernsthafteren und/oder länger anhaltenden Beschwerden sollten Sie auf jeden Fall einen Arzt oder einen Heilpraktiker Ihres Vertrauens zu Rate ziehen. Eine Haftung des Autors und des Verlages für Personen-, Sach-, und Vermögensschäden ist ausgeschlossen.

1. Auflage 2010

Lektorat: Lothar Scholl-Röse
Gestaltung: Anke Brodersen
Druck und Bindung: Westermann, Zwickau

Dieses Buch wurde auf 100 % Altpapier gedruckt und ist alterungsbeständig.
Weitere Informationen über unser Umweltengagement
finden Sie unter www.arbor-verlag.de/umwelt.

www.arbor-verlag.de

ISBN 978-3-86781-032-6

Einleitung

Es ist schon fast fünfzehn Jahre her, als ich jenes Schlüsselerlebnis hatte, das mich schließlich dazu bewegte, dieses Buch zu schreiben. Ich lag an einem Traumstrand auf der thailändischen Insel Koh Samui. Alles stimmte: ein endloser Sandstrand, den meine Lebensgefährtin und ich fast für uns allein hatten, hinter uns Palmen und vereinzelte Hütten. Es gab eine Stille und doch das Rauschen des Meeres. Ich konnte mein Glück gar nicht recht fassen. Am ersten Tag musste ich immer wieder in dieses türkisblaue Wasser schauen. Ich hörte das Rascheln der Palmwedel im sanften Wind und sog die Ruhe dieses Ortes auf. Zwischendurch quoll ich richtig über vor Freude, in mir entspannte sich alles. Wir unternahmen lange Spaziergänge am Strand und ich genoss den Sand unter meinen Füßen. Alles war neu für mich. Ich war fasziniert und mit offenem Mund betrachtete ich gebannt diese wunderschöne Natur. So musste es im Paradies sein.

Am zweiten Tag wurde mein Gefühl von Entspannung, Ruhe und Glückseligkeit schon schwächer. Am dritten Tag war der Reiz verflogen. Schon am frühen Morgen lag ich in meiner Hängematte und dachte an meinen Arbeitskollegen Klaus, mit dem ich kurz vor der Abreise noch einen sehr unangenehmen Streit gehabt hatte. Mir fiel ein, was ich alles erledigen musste, wenn ich wieder in Deutschland sein würde, und immer wieder kam mir dabei der Konflikt mit Klaus in den Sinn. Wie sollte ich mich verhalten? Welcher meiner Kollegen würde zu mir halten? Was würde passieren, wenn unsere Auseinandersetzung weiterginge? Dieser Typ ärgerte mich wirklich!

So ging das eine ganze Weile, bis ich nicht nur sauer auf meinen Kollegen war, sondern auch auf mich selbst. Wie konnte ich mir nur meinen Urlaub mit solchen überflüssigen Gedanken vermiesen? Da lag ich nun mitten im Paradies in einer Hängematte und hatte nichts Besseres zu tun, als mich über meinen „blöden" Arbeitskollegen zu ärgern. Ich war um die halbe Welt geflogen und war doch wieder im Büro gelandet.

Mir war elend zumute. Ich wollte die Schönheit dieser Natur genießen, aber ich konnte es nicht. Ich wünschte mir sehnlich die innere Freude zurück, die ich an den ersten zwei Tagen erlebt hatte, aber sie war fort. Mir kam es vor, als sei ich regelrecht aus dem Paradies hinausgeworfen worden. Mein Körper lag zwar noch in meiner Hängematte am Strand, aber eigentlich war ich schon längst nicht mehr da. Mein fleißiger Geist ertrug offensichtlich die Schönheit dieses Strandes nicht und hatte schon die Rückreise angetreten.

Schon öfter hatte ich die Erfahrung gemacht, dass mir mein Gedankenstrom das Leben schwer machte. Er war aktiv, wenn ich ihn gar nicht gebrauchen konnte, und war ständig wahlweise mit der Vergangenheit oder mit der Zukunft beschäftigt. Er erinnerte mich in unmöglichen Momenten daran, was ich alles noch zu erledigen hatte und dass ich dieses oder jenes bestimmt nicht mehr rechtzeitig schaffen würde. Ich wachte am Morgen auf mit einer „To-do-Liste". Sogar beim Sex konnte mir einfallen, dass ich noch eine Zugfahrkarte kaufen musste oder ob ich wohl genug Schlaf bekommen würde, um am nächsten Morgen wieder fit zu sein.

Heute weiß ich: Ein ständig lärmender Geist ist keineswegs originell! Er ist nicht einmal hilfreich.

Den meisten von uns fällt es schwer, den Augenblick zu genießen, weil wir gedanklich gerade mit etwas ganz anderem beschäftigt sind. Obwohl die äußere Situation angenehm ist, schaffen wir es, uns über irgendetwas Sorgen zu machen. Eigentlich ist unser Geist ein wunderbares Geschenk, das uns zur Verfügung steht: Mit seiner Hilfe können wir berufliche Aufgaben bewältigen und Probleme lösen, mit ihm können wir eine gute Einkaufsliste schreiben oder überlegen, wie das kaputte Abflussrohr am besten zu reparieren ist. Er führt aber in den meisten von uns ein unkontrolliertes Eigenleben und ist auch dann aktiv, wenn wir ihn ganz und gar nicht gebrauchen können: Wenn wir eigentlich schlafen wollen, kann er uns die halbe Nacht quälen. Oder wenn uns etwas nicht so richtig gut gelungen ist und er uns nervt mit einem: *„Du hättest aber …“*

Wir sind im Alltag oft völlig mit unseren Gedanken identifiziert. Wir glauben ihnen und befolgen die Anweisungen, die sie uns geben. Mir geht das beispielsweise so, wenn ich mit meiner Frau streite. Wir streiten uns dann womöglich über die berühmte Zahnpastatube und ich werfe ihr so manchen üblen Unsinn an den Kopf. Mein Geist sagt mir dann: *„Sie ist schuld! Nur wenn sie sich ändert, können wir weiter glücklich zusammenleben. Das muss sie jetzt endlich einsehen. Gib nicht nach!“* Später, wenn einer von uns beiden einen Lachanfall über die Absurdität unseres Streitgesprächs bekommen hat, schäme ich mich für all den Blödsinn und weiß nicht einmal mehr, worum es eigentlich ging. Aber in der Situation haben mich meine Gedanken und Gefühle ganz im Griff.

Wenn unser gieriger Geist uns sagt, wir wären ein ganzes Stück glücklicher, wenn wir ein größeres Haus oder ein schöneres Auto hätten, dann rennen wir oft jahrelang diesem Ziel hinterher, nur um irgendwann festzustellen, dass es uns doch nicht wirklich besser geht, nur weil das Auto etwas größer geworden ist. Oder wenn er uns dazu antreibt, noch besser zu sein oder noch mehr zu leisten, obwohl wir unsere Leistungsgrenze schon längst überschritten haben. Wenn wir lange, vielleicht sogar unser ganzes bisheriges Leben, mit unserem Denken und den inneren Botschaften identifiziert sind, dann empfinden wir unser Leben vielleicht als Mühsal und Anstrengung. In uns macht sich ein Gefühl von Enge breit, das Leben macht keine Freude mehr oder wir fühlen uns unglaublich erschöpft. Manche Menschen beschreiben ihr

Leben sogar als Kampf. Dann sehnen wir am Montagmorgen schon den Freitagnachmittag herbei oder im Januar schon den Urlaub im August.

In Wirklichkeit sind wir aber nicht nur unser Denken, sondern weit mehr: Wir sind die Stille, die spürbar wird, wenn es in uns ruhiger wird. Wir sind die beglückende Freude, die aufkommt, wenn wir einfach nur in der Gegenwart sind und von der wir gar nicht recht wissen, woher sie eigentlich kommt. Wir sind unser offenes Herz, das alles annehmen kann, uns selbst mit unseren kleinen Macken und Schwächen, aber auch die Menschen um uns herum. Wir sind die innere Stärke und Gelassenheit, die auch mit schwierigen Situationen zurechtkommt. In uns ist innerer Friede und wir fühlen uns mit der ganzen Welt verbunden. Dann erscheint uns das Leben ganz leicht, obwohl sich an der äußeren Situation gar nichts geändert hat. Die Zeit fließt dahin und wir spüren unsere Lebendigkeit und Kreativität. Wir fühlen uns verbunden mit einer anderen Dimension. Manchmal sind es nur einige Minuten oder eine Stunde, in denen wir uns so fühlen, oft auch nur Augenblicke. Aber jeder von uns kennt diese Gefühle.

All diese Empfindungen, die wir so sehr herbeisehnen, werden allzu oft von unserem ständig plappernden Geist übertönt. Der Lärm in unserem Kopf kann sogar so stark sein, dass wir nicht einmal mehr wissen, welche beglückenden Empfindungen überhaupt in uns schlummern und wie sich ein Leben anfühlt, das es gut mit uns meint. Dann haben wir den Kontakt zu unserem Wesen oder zu Gott verloren. Wenn wir kleine Kinder beobachten, bekommen wir eine Ahnung davon, was passiert, wenn es in unserem Kopf ruhiger wird. Sie leben im Augenblick und nicht im Gestern oder Morgen. Sie haben kaum Bewertungen für sich selbst und ihre Umgebung, dadurch sind sie viel offener als Erwachsene. Wir sind gerne mit Kindern – und auch mit Tieren – zusammen, denn diese Energie des einfachen Seins ist ansteckend!

Dieses Buch möchte dabei helfen, die Stille, die Stille in uns wiederzuentdecken und „nach Hause“ zu kommen, zu uns selbst. Wir werden besser verstehen, wie unsere Denkprozesse funktionieren, und langsam mehr und mehr Abstand zu unseren unkontrolliert fließenden Gedanken finden. Dann öffnet sich der Raum für eine tiefere Ebene und wir gewinnen das Gefühl inneren Friedens zurück.

Die Inhalte dieses Buches sind keineswegs neu, sie beruhen vielmehr auf uralten Traditionen. Doch lange konnte dieses Wissen von vielen Menschen nicht genutzt werden. Es fehlte die Hilfestellung bei der praktischen Umsetzung im Alltag und eine unserer Kultur angemessene Vermittlung. Das möchte dieses Buch bieten: Altes spirituelles Wissen und Erkenntnisse der modernen „achtsamkeitsbasierten" Psychotherapie werden so vermittelt, dass wir sie in unserem Leben wiederfinden und konkrete Anregungen bekommen, wie wir uns dafür öffnen können. Vieles, was du in diesem Buch liest, entstammt der buddhistischen Tradition, ist 2500 Jahre alt und wird seit Jahrtausenden von verschiedensten spirituellen Lehrern gelehrt. Jeder von ihnen benutzt seine ganz persönlichen Worte, doch die Botschaft ist immer die gleiche: Wirkliches Glück finden wir nicht im Außen, sondern nur in uns selbst.

Wir werden uns in diesem Buch auf eine Reise begeben, die bei unserem unruhigen Geist beginnt, bei unserer Hektik und unserem Stress, unserem täglichen Getriebensein und unserer Angst. Und sie wird enden bei einem tiefen Gefühl von Entspannung, von Loslassen und auch von Frische und Freude. Dazwischen wird sich im Außen kaum etwas verändert haben, aber wir werden Abstand zum Lärm in unserem Kopf gewinnen und immer seltener wie ein ferngesteuerter Roboter leben –wir werden bewusster, wacher und freier.

Was ich unseren „Geist" nenne, bezeichnet vor allem die Ansammlung der Inhalte und Muster unseres Denkapparates – und damit beschäftigen wir uns in diesem Buch größtenteils. So wie im Englischen der Begriff „mind", geht es auch bei Geist und Verstand um einen Teil unserer Ichidentität, um das „Ego" oder „Egobewusstsein". Gemeint ist damit immer ein eingeengter, beschränkter Bewusstseinszustand unseres Wesens, der zur Welt hinter den Worten keinen Zugang hat.

Noch kurz zur Struktur dieses Buches: Die einzelnen Kapitel bauen aufeinander auf. Es ist also gut, das Buch von vorn nach hinten zu lesen. Manche Inhalte mögen zunächst seltsam erscheinen, denn sie decken sich nicht mit dem, wie unser überaktiver Geist gewöhnlich die Welt wahrnimmt. Es kann dann sinnvoll sein, die Inhalte ein zweites Mal zu lesen und auf sich wirken zu lassen, damit sie nicht nur von deinem Verstand, sondern auch von einem tieferen Teil deines Wesens erfasst werden. Im Text findest du an mehreren Stellen ein Pausenzeichen (▮▶), das zu einem kurzen Innehalten einlädt. Vielleicht magst du an diesen Stellen sogar das Buch kurz beiseitelegen oder die Augen schließen. Beides ist hilfreich, um die Inhalte jenseits unserer Gedankenwelt auf uns wirken zu lassen.

1

Lärm im Kopf

Wenn wir auf die Welt kommen, ist nur Stille in uns. Ein Neugeborenes lebt ausschließlich im gegenwärtigen Augenblick. Es schmeckt, riecht und schaut. Ewigkeiten ist ein Kleinkind von den Bewegungen eines Mobiles fasziniert, spielt mit einer Kastanie oder schaut neugierig und offen in die Augen seiner Mutter. Es ist einfach nur hier. Weil es keine Gedanken gibt, gibt es auch kein Gestern und kein Morgen, kein hier und dort und nichts, was es zu erreichen gilt. Wir Erwachsene sind angezogen und gebannt, uns geht förmlich „das Herz auf", wenn wir ein Kleinkind in seiner absoluten Präsenz erleben. Maldea, die anderthalbjährige Tochter einer Freundin, sitzt abends in ihrem Bettchen und schaut sich ein Bilderbuch an. Sie zeigt auf die Bilder, brabbelt vor sich hin, strahlt mich immer wieder an und scheint ziemlich glücklich zu sein. Sie denkt nicht: *„Oje, morgen muss ich zum Babyschwimmen. Ob das Wasser wohl nicht zu kalt sein wird?"* Oder: *„Wen lade ich nur zu meinem Geburtstag ein? Wenn ich Adrian nicht einlade, wird er bestimmt eingeschnappt sein und will nichts mehr mit mir zu tun haben."*

Wir alle kommen mit jener unbeschreiblichen inneren Stille und Freude auf die Welt, die Kleinkinder ausstrahlen. Jeder von uns hat diesen Zustand erlebt, auch wenn wir uns daran nicht bewusst erinnern können. In uns war es damals so still, weil wir noch nicht denken konnten. Unser Großhirn, das für unsere Denkprozesse zuständig ist, war noch nicht ausgebildet. Erst im Laufe unserer ersten Lebensjahre erwerben wir die Fähigkeit zum Denken. Wir lernen Worte und Sätze, die wir dazu nutzen, mit anderen Menschen zu sprechen. Wir können unserer Mutter erzählen, was gestern in der Schule passiert ist oder wie lecker dieses neue blaue Eis schmeckt. Gleichzeitig beginnt ein innerer Dialog mit uns selbst. Wir nehmen unsere Umgebung nicht mehr einfach nur wahr, wie es ein Säugling tut, sondern in unserem Kopf findet eine ständige Verarbeitung und Bewertung all unserer Wahrnehmungen statt. Außerdem werden alle bisherigen Erfahrungen fein säuberlich archiviert, denn sie werden uns später noch nützlich sein.

Es wird nicht lange dauern und Maldea blättert nicht mehr einfach nur aufmerksam mit offenen Kinderaugen in ihrem Bilderbuch. Auch in ihrem Kopf werden mehr und mehr Gedanken auftauchen. Sie wird sich irgendwann über das Morgen Sorgen machen, sich vielleicht nicht klug genug finden oder ihre Eltern fragen, warum die Nachbarn so oft in Urlaub fahren und sie selbst überhaupt nicht.

Aber zunächst wird es noch einige Jahre dauern, bis Maldeas Geist voll ausgebildet ist. Wir alle haben während unserer Kindheit einen leichteren Zugang zu unserer Nicht-Verstandesebene, als wir das im Erwachsenenalter haben. Der Lärm in unserem Kopf hat zwar schon begonnen, aber er ist noch weniger aufdringlich und längere Zeit versiegt er sogar ganz. Wir können in dieser Zeit noch viel leichter vollkommen im gegenwärtigen Moment sein, gebannt von dem, was gerade ist. Wir sind offener für positive Gefühle wie Freude oder Zufriedenheit, aber auch für unsere unangenehmen Empfindungen wie Traurigkeit. Uns fällt es leichter, zu weinen, aber auch freudestrahlend zu lachen. Wir erleben unsere Gefühle unmittelbarer und spontaner.

„Die nächste Minute bitte nicht denken!"

Ich möchte dir eine kurze und vollkommen unproblematische Übung vorschlagen. Du sollst etwas ganz Einfaches tun, oder besser gesagt: nicht tun. Du sollst nämlich eine Minute nicht denken. Das müsste doch eigentlich zu schaffen sein, oder? Setz dich entspannt, aber konzentriert auf einen Stuhl oder bleib da, wo du dich gerade befindest. Schließ deine Augen und nimm dir vor, etwa eine Minute nicht mehr zu denken. Du kannst die Übung gerne auch ausdehnen, es sollte nur mindestens eine Minute sein. Wichtig ist, dass du wach und aufmerksam bist, sonst kannst du aufkommende Gedanken nicht wahrnehmen.

Ich bin mir ziemlich sicher, dass dir diese Übung nicht ganz gelungen ist. Ich könnte mit einem sicheren Gefühl mein Buchhonorar darauf verwetten. Jedenfalls habe ich schon viele Menschen gebeten, diese Übung zu machen, und bisher ist es niemandem auf Anhieb gelungen. Die meisten berichten, am Anfang wäre es tatsächlich still in ihnen gewesen, aber schon nach kurzer Zeit seien ihnen entweder irgendwelche Gedankenblitze durch den Kopf geschossen oder sie hätten sich sogar in längeren gedanklichen Geschichten verloren. Aber wie kann das sein? Wir Menschen fliegen zum Mond, bauen modernste Flugzeuge oder schicken Nachrichten in Sekunden um den Globus, aber wir können nicht eine Minute unseren ewigen Gedankenstrom unterbrechen?

Ich erinnere mich noch sehr genau, als ich in den 1990er Jahren das erste Mal meinen Geist ganz bewusst beobachtete. Ich saß gemeinsam mit einer Gruppe neugieriger Europäer in einem indischen Kloster in einer Meditationshalle. Wir nahmen an einem Seminar teil, an dem wir in verschiedene Meditationstechniken eingeführt wurden. Es war ein heißer Monsuntag im Juni und ich hatte eine anstrengende Fahrt zum Kloster hinter mir. Ich freute mich schon darauf, dass es in mir nun endlich still werden würde. Wir wurden in die Vipassanā-Meditation eingeführt. Man sitzt mit geschlossenen Augen still und unbeweglich auf einem Kissen und tut nichts anderes, als wahrzunehmen, was sich im gegenwärtigen Moment ereignet, welche Gedanken und Empfindungen aufkommen und welche Reize von außen man wahrnimmt. So saß ich also auf meinem Kissen und versuchte, mich darauf zu konzentrieren, wie mein Geist langsam immer ruhiger werden würde und ein tiefer innerer Friede von mir Besitz ergreifen sollte. ...

Doch was passierte, war genau das Gegenteil: In meinem Kopf wurde es immer turbulenter und lauter, ein Gedanke jagte den nächsten. Der Taxifahrer vorhin hatte mir bestimmt zu viel Geld abgenommen: *„30 Rupies? Das kann doch nicht sein, die Fahrt darf höchstens 15 kosten! Warum hast du dem nicht bloß 15 gegeben? Das Sitzkissen ist so hart. ... Du musst dir morgen unbedingt ein besseres kaufen, eines wie daheim. ... Wie spät ist es dort eigentlich gerade? 3,5 Stunden Zeitverschiebung, das macht dann 14 Uhr, nein, verdammt, 3,5 Stunden in die andere Richtung. ... Bist du eigentlich sicher, dass es eine gute Idee war, nach Indien zu fahren? Jetzt hockst du hier und willst meditieren und kannst nicht mal fünf Minuten still sein. ...“* So in etwa ging es endlos weiter. Je länger ich auf meinem Kissen saß und mein Denken beobachtete, desto mehr Gedanken überfielen mich. Zwischendurch hatte ich regelrecht Angst, verrückt zu werden. Sie waren schlimmer als die quälenden Mosquitos, die sich jede Nacht auf mich stürzten. Ein dünnes Moskitonetz genügte und ich hatte meine Ruhe vor ihnen. Doch was konnte ich nur tun, um meine Gedanken zu beruhigen?

Später hatte ich Gelegenheit, mit einer erfahrenen Meditationslehrerin über meinen gründlich fehlgeschlagenen Entspannungsversuch zu sprechen. Sie hörte sich meine entsetzten Schilderungen an und nickte nur verständnisvoll und wissend: „Du hast nicht mehr Gedanken als sonst, sondern du merkst erstmals, was in deinem Kopf los ist!“, sagte sie. Das also war sie, die „Affenhorde“, von der ich in verschiedenen Büchern immer wieder gelesen hatte und von der ich bis dahin dachte, andere Menschen hätten damit zu kämpfen, aber doch nicht ich. Mit „Affenhorde" ist unser ungebändigter Geist gemeint, der vom einen zum anderen springt, es nirgends lange aushält, wild herum assoziiert und Gedanken und Bilder oft sinnlos aneinanderreiht. Dieser Affenhorde sind wir alle, wohl ausnahmslos, immer wieder ausgeliefert. Das anzuerkennen ist der erste Schritt für eine Veränderung, denn wie soll uns Entspannung gelingen, wenn es in uns unentwegt tobt?

In der folgenden Nacht träumte ich von einer Horde Affen, die ständig hinter mir herlief. Am Abend hockten sie sogar alle in meinem Schlafzimmer. Kaum hatte ich einige von ihnen aus meinem Zimmer verjagt, kamen andere durch die offenen Fenster wieder herein und grinsten mich an. Schweißgebadet wachte ich am nächsten Morgen auf. Offensichtlich hatte ich mich in diesem Meditationsseminar auf ein besonderes Experiment eingelassen.

Wenn wir wirklich ehrlich mit uns sind, müssen wir uns eingestehen: Wir können nicht selbst entscheiden, ob wir denken oder nicht. Das wäre ja nicht weiter schlimm, sofern unser Geist nur dann anspringen würde, wenn er tatsächlich gebraucht wird. Doch genau das macht er nicht. Er denkt vielmehr unentwegt, wann er will und was er will. Er ist in den unmöglichsten Augenblicken aktiv, selbst dann, wenn wir ihn ganz und gar nicht brauchen können. In spirituellen Texten heißt es daher manchmal, der Diener sei zum Hausherrn geworden und der Hausherr zum Diener. Eigentlich sollten *wir* es sein, die entscheiden, wann wir *unseren* Geist nutzen und wann eben nicht. Doch in Wirklichkeit ist es umgekehrt: Nicht wir denken, sondern „es" denkt in uns. Und die Verdrehung geht noch weiter: Wir haben nämlich sogar vergessen, dass wir der Hausherr sind bzw. sein könnten. Wir halten es für vollkommen normal, nicht einmal für eine Minute unser Denken abschalten zu können.

Unsere Denkaktivität ist ähnlich wie das Geräusch eines neuen Weckers: Am Anfang nehmen wir das gleichmäßige Ticken noch wahr, doch es dauert nicht lange, bis wir es gar nicht mehr hören. Unsere geistigen Prozesse sind für uns so selbstverständlich geworden wie der Strom, der aus der Steckdose kommt und den wir erst „bemerken“, wenn es einen Stromausfall gibt. Wir denken nicht jeden Morgen: *„Ah, da kommt ja Strom aus der Steckdose, toll, dass ich mir damit einen Kaffee kochen kann“*, sondern der Strom kommt eben einfach. Auch unsere Gedanken sind einfach da, wir begrüßen nicht jeden unserer Gedanken mit einem freudigen *„Ah, ein neuer Gedanke, was denke ich denn gerade?“* Wir nehmen nicht wahr, dass wir denken, und wir haben meistens auch wenig Gespür für die Augenblicke, in denen unser Geist zur Ruhe kommt. Viele Menschen wissen daher nicht einmal vom Hintergrundrauschen in ihrem Kopf. Sie haben längst vergessen, wie es sich anfühlt, wenn es in ihnen still ist. Vielleicht glauben sie sogar, es sei still in ihnen, dabei tobt in ihrem Kopf eigentlich der Bär, oder besser: die Affenhorde. Erst wenn unser Denken wirklich durcheinandergerät und wir krank werden, nehmen wir wahr, dass da oben etwas nicht stimmt. Wer sich von allen Geheimdiensten der Welt verfolgt fühlt oder eine panische Angst vor Marienkäfern entwickelt, der scheint ganz offensichtlich „krank“ zu sein.

Doch in diesem Buch beschäftigen wir uns nicht mit psychischen Erkrankungen, sondern mit dem ganz „normalen Wahnsinn“. Jeder von uns kennt ihn und den meisten von uns fällt er nicht einmal auf.

50 Gedanken pro Minute

Jeden Tag gehen uns viele tausend Gedanken durch den Kopf. Eine Forschergruppe behauptet, es sollen an die 80 000 sein – das wären dann etwa 50 Gedanken pro Minute. Nur ein kleiner Teil davon dringt an die Oberfläche unseres Bewusstseins und von diesem kleinen Teil nehmen wir wiederum nur die allerwenigsten Gedanken tatsächlich wahr. In unserem Gehirn geht es zu wie auf einer mehrspurigen Autobahn zur Hauptverkehrszeit und nicht wie auf einer einsamen Landstraße in Ostfriesland. Der Strom unserer Gedanken ist endlos und selbst in der Nacht versiegt er nicht. In einigen Schlafphasen arbeitet unser Gehirn munter weiter, ordnet und verarbeitet die Eindrücke des Tages.

Viele Tausend Mal am Tag haben wir kurze „Minigedanken". Das sind kurze Sätze, einzelne Worte oder Zahlen, die uns in den Sinn kommen. Beispielsweise spüren viele Menschen eine Art „Zwang", die Nummernschilder von Autos zu lesen, Treppenstufen zu zählen oder Ähnliches. Zu diesen Minigedanken gehören auch Bewertungen von Alltagssituationen. Alles, was uns begegnet, wird sofort eingeordnet und damit auch beurteilt. Während ich das hier schreibe, sitze ich gerade im Zug. In der Reihe vor mir telefoniert eine junge Frau – *„Das stört, wann ist die endlich fertig?"* –, der Schaffner kommt und ich finde meine Fahrkarte nicht sofort – *„Verdammt, hab ich die etwa vergessen?"* –, ein Servicemitarbeiter bietet frisch gebrühten Kaffee an – *„Riecht der gut, ich will auch einen"* –, auf der Anzeige erscheint der Hinweis, dass der Zug gerade 220 km/h fährt – *„Ganz schön schnell, merkt man gar nicht"* –, eine Durchsage kündigt eine Verspätung an – *„Oh nein, das hat mir jetzt noch gefehlt."* Und so weiter und so weiter.

Dann gibt es komplexere Gedankengänge wie etwa Bewertungen der eigenen Person oder anderer Menschen – oder auch Planungen: *„Wo hast du nur die Zugfahrkarte hingetan? Das ist doch typisch, dieses Chaos. Nächstes Mal werde ich sie ganz ordentlich in die Seitentasche stecken, wo sie ja auch hingehört."* Weiter gibt es Gedankenketten, das sind Aneinanderreihungen von Gedanken, die manchmal in einem logischen Zusammenhang stehen, oft aber auch nur assoziativ miteinander verbunden werden. Hier eine meiner Gedankenketten, während ich im Zug sitze: *„Wie lange telefoniert die da vorne eigentlich noch? … Mein Gott, was die mit ihrer Freundin alles zu besprechen hat. … So, so, sie war beim Friseur, sieht gar nicht so aus. … Aber ich müsste auch dringend mal wieder hin, dann gehe ich wieder zu der Friseurin, bei der ich letztes Mal war. … Die kommt aus Thailand, da könnten wir doch nächsten Winter hinfahren. … Aber der Tsunami mit all den Toten. … Bin ich froh, dass Sabine damals zwei Tage vorher zurückgeflogen ist – nicht auszudenken, wenn sie noch geblieben wäre. … Aber Fliegen ist ja auch gefährlich, in Madrid ist gerade ein Flugzeug abgestürzt …"* Solche

Gedankenketten sind oft mit inneren Bildern oder „Filmsequenzen“ verbunden, wir haben quasi ein privates Kino im Kopf. Es dauert manchmal mehrere Minuten oder noch länger, bis wir endlich bemerken, dass wir uns in unseren Gedanken verloren haben. Wenn wir zu sehr in unserem Kopfkino gefangen sind, dann kann unsere Wahrnehmung des Hier und Jetzt komplett ausgeschaltet sein, wir bekommen nicht einmal mehr mit, was um uns herum passiert. Ein typisches Beispiel: Während einer Autofahrt sind wir so in Gedanken versunken, dass wir uns im Nachhinein kaum noch an die Strecke erinnern können und daran, was unterwegs passiert ist. Vor dem Garagentor angekommen, fragt man sich vielleicht etwas ängstlich: *„War da nicht vorhin eine rote Ampel? Habe ich denn da eigentlich angehalten?“*

Neben kürzeren Gedanken und Gedankenketten kommt es oft auch zu einer Art inneren Unterhaltung zwischen verschiedenen Teilen der eigenen Person. Wir alle haben verschiedene Persönlichkeitsanteile in uns, die nicht immer einer Meinung sind und ihre Meinungsverschiedenheiten ganz offen austragen. Das mag jetzt etwas amüsant klingen, aber wir alle erleben es jeden Tag, meistens ohne diese Dialoge bewusst wahrzunehmen. Neulich habe ich mit einem Klienten ein solches inneres „Streitgespräch“ herausgearbeitet. Es ging um eine Situation, die vielen vertraut vorkommen mag: Mein Klient hatte seine Wohnungstür abgeschlossen und war schon drei Stockwerke heruntergegangen, da „hörte“ er plötzlich eine innere Stimme:

„Du hast bestimmt die Herdplatte angelassen. Du musst nachschauen! Jetzt extra noch mal hochlaufen?

Die Wohnung wird dir noch abbrennen. Dann hast du ein echtes Problem!

Ich werd die Herdplatte schon ausgeschaltet haben. Ich habe noch nie vergessen, sie auszuschalten.

Aber diesmal, du warst vorhin ganz hektisch drauf, da vergisst man das schnell.

Neulich bin ich auch kontrollieren gegangen. Und was war? Sie war natürlich aus.

Nur kurz hochlaufen, dauert doch nicht lang. Stell dir vor, sie ist doch an. Neben dem Herd steht diese weiße Plastikschüssel, die brennt gut. ..."

Er ging in die Wohnung zurück und schaute nach. Die Herdplatte war natürlich ausgeschaltet.

„Wie kann man nur so blöd sein und kontrollieren gehen. Das ist doch fast schon krank bei dir. Letzte Woche bist du auch schon hochgelaufen, was ist nur los mit dir?"

Du hörst schon: In uns ist viel los! Dieser Gedankenstrom fließt unablässig, er kommt ganz selten zur Ruhe, und wenn, dann nur für kurze Augenblicke. Auch wenn es gar nicht leicht ist, unseren Gedanken auf die Schliche zu kommen, es lohnt sich! Denn was wir denken, entscheidet mit darüber, wie wir uns fühlen, wie entspannt oder angespannt wir sind und wie wir uns verhalten. Um unsere Gedanken besser fassen zu können, habe ich in diesem Buch immer wieder „Gedankenzitate" von mir selbst oder von Freunden oder Klienten eingebaut. Diese sind, wie du schon gesehen hast, kursiv gesetzt. Auch spreche ich von unseren „inneren Stimmen" oder unseren „inneren Botschaften". Ich meine damit nicht, dass wir alle krank geworden sind und wirklich Stimmen hören, wie Menschen mit einer psychischen Erkrankung. Vielmehr beschreibe ich einen inneren Dialog, etwas, was wir alle kennen und was vollkommen normal ist.

Unser Geist ist ständig beschäftigt. Er arbeitet ununterbrochen, er kennt keinen Feierabend, kein Wochenende und auch keinen Urlaub, nicht mal eine Pinkelpause! Am Anfang dieses Buches hatte ich dich gebeten, die Augen zu schließen und nur eine einzige Minute nicht zu denken. Den meisten von uns gelingt das nicht, weil unser Geist eben 24 Stunden am Tag ununterbrochen aktiv ist.

Eine besondere Herausforderung für unseren Denkapparat sind Ruhephasen, ein Urlaub beispielsweise oder wenn es still um uns herum ist. Wir können dann unseren unruhigen Geist eben nicht abschalten, sondern wir haben diesen arbeitswütigen Genossen ja immer dabei. Neulich hat mir eine Bekannte erzählt: „Es ist gar nicht einfach, Urlaub zu machen, man hat ja gar keine Termine." Wenn wir unseren Geist mit dem äußerlichen Nichtstun konfrontieren, macht er trotzdem sein gewohntes Programm weiter: Entweder macht er für uns das schon beschriebene innere Kopfkino, oder er geht die Entspannung mit seiner gewohnten Arbeitermentalität an: *„Also wenn du schon Urlaub machen willst, dann aber gründlich. Mach dir keine Sorgen, ich kümmere mich darum!"* Vor einigen Jahren bekam ich Besuch von einem Bekannten aus den USA, der im Urlaub so richtig was erleben wollte. Er kam mit einer Liste von Sehenswürdigkeiten, die er Tag für Tag langsam abarbeitete. Er war nach Europa gekommen, um sich von seinem anstrengenden Arbeitsalltag als Computerfachmann zu erholen, aber was hatte sein Geist gemacht? Er hatte sich einfach einen neuen Job gesucht und der hieß „Abhaken der 30 Highlights, die die Stadt München zu bieten hat."

Der Terminkalender einer 7-Jährigen

Gerade in der heutigen Zeit beklagen immer mehr Menschen, dass sie gestresst sind, sich nicht mehr entspannen können und sich wie ein Hamster im Laufrad fühlen. Das liegt sicher mit an der zunehmenden Beschleunigung unseres Lebens und auch an der Fülle von Reizen, denen wir ausgesetzt sind. Beides fördert unsere geistige Aktivität, denn um im hektischen Alltag des 21. Jahrhunderts zurechtzukommen, läuft unser Denken ständig auf Hochtouren und kann kaum noch abschalten. Wir brauchen nur das Leben unserer Großeltern oder Urgroßeltern mit unserem eigenen zu vergleichen. Wie viel ruhiger und weniger herausfordernd lief der Alltag damals ab, wie viel mehr Pausen, Zeit für Entspannung gab es. Viel davon ist uns heute verloren gegangen. Vor nicht langer Zeit gab es nur zwei Fernsehsender. Das Programm begann um 16 Uhr, davor lief nur das berühmte Testbild.

Um 22 Uhr war Sendeschluss und danach lief wieder das Testbild. Heute empfangen wir mehr als 100 Kanäle und zappen die ganze Nacht durch die Welt. Studien zeigen, dass selbst unsere Schlafdauer, also die Erholungszeit, die wir uns gönnen, in den letzten Jahren deutlich kürzer geworden ist: Wir schlafen heute im Schnitt eine Stunde weniger als Menschen vor 100 Jahren. In Umfragen gaben mehr als 80 Prozent der Befragten an, ihr Leben sei in den letzten Jahren hektischer geworden. Nach neueren Untersuchungen konzentrieren sich Büroangestellte heute im Schnitt noch 12 Minuten auf eine Tätigkeit, danach werden sie von Telefon, E-Mail usw. aus der Arbeit gerissen. Heute haben Schulkinder einen so vollen Terminkalender, wie ihn vor fünfzig Jahren nur Manager hatten: 6.30 Uhr Aufstehen; 7 Uhr Frühstücken; 7.30 Uhr Fahrt zur Schule; 8 – 13 Uhr Schulunterricht; 13 Uhr Essen in der Schule; 14 – 15 Uhr Nachhilfeunterricht; 15.30 – 16.30 Uhr Kinderyoga, Sport, Musikunterricht; 17 – 18.30 Uhr Hausaufgaben. Es bleibt wenig Zeit, um einfach nur Kind zu sein, zu spielen und den Augenblick zu erleben. Entsprechend fühlen sich heute vier von fünf Kindern unter Zeitdruck, wie aktuelle Studien belegen.

Wenn es in unserem Kopf „laut“ wird, dann bekommen wir das zu spüren. Wir haben ständig Gedanken darüber, was wir alles noch erledigen müssen. Haben wir einiges davon abgearbeitet, fallen uns gleich die nächsten Dinge ein, die keinen Aufschub dulden. Vordergründig glauben wir oft, wir seien gestresst, weil wir so viel zu erledigen haben. Wenn wir genauer hinschauen, stellen wir aber fest, dass wir eigentlich unter einem zu aktiven Geist leiden, dem ständig etwas Neues einfällt, was es angeblich noch zu tun gilt. Wir fühlen uns getrieben, hektisch, unruhig und schaffen es nicht, für Ruhepausen zu sorgen. Wir werden fahrig, fangen Dinge an, die wir gleich schon wieder liegen lassen und beginnen mit dem nächsten. Unsere Alltagshandlungen laufen vollkommen automatisiert ab, wir wirken dabei wie abwesend. Wir haben vergessen, was wir gerade noch erledigen wollten oder wo wir unsere Brille schon wieder hingelegt haben. Wir haben zehn Bücher neben dem Bett liegen und möchten alle unbedingt am besten sofort lesen. Die Zeit reicht nie aus für all das, was wir noch erledigen wollen. Eine Freundin erzählte mir neulich, sie habe am Bankautomaten Geld abgehoben, habe aber aus lauter Eile vergessen, es einzustecken.

Der Aufruhr in unserem Geist bewirkt auch eine Anspannung in unserem Körper. Es lässt sich nachweisen, wie unsere Gedankentätigkeit dazu führt, dass sich unsere Muskelanspannung erhöht, die Atemfrequenz ansteigt oder mehr Schweiß produziert wird. Viele Menschen berichten von einem Druckgefühl gerade im Brustraum. Wir nehmen in unserem Körper ein Gefühl von Enge oder Eingesperrtsein wahr, und tatsächlich sind wir angetrieben und eingesperrt in Gedankenplänen und *To-do*-Listen. Irgendwann macht unser Körper nicht mehr mit, weil er für diesen lebenslangen Dauermarathon nicht geschaffen wurde. Vielleicht fängt es mit Kopfschmerzen an oder mit Muskelverspannungen, oft im Nacken- und Rückenbereich. Typisch sind auch Schlafstörungen, wenn unser Geist nachts nicht mehr zur Ruhe kommt. Wir liegen abends im Bett und möchten einschlafen, doch uns gehen bereits Gedanken über den nächsten Tag durch den Kopf: *Wird morgen alles klappen, werde ich alles schaffen, was ich erledigen muss?* Viele Wohlstandskrankheiten des 21. Jahrhunderts sind Folgen unserer stressreichen Lebensweise. Bluthochdruck beispielsweise, aber auch Essstörungen, verschiedene Süchte, das Aufmerksamkeitsdefizit-Hyperaktivitätzssyndrom (ADHS) und andere psychische Erkrankungen. Die beiden häufigsten davon, nämlich Angststörungen und Depressionen, gehen einher mit einem unkontrollierten Geist, der seinen Besitzer mit trüben Gedanken oder ständigen Befürchtungen quält.

In Simbabwe wird die Depression daher „Kufungisisa“ genannt, was so viel bedeutet wie „sich zu viele Gedanken machen“.

Grübeln bis morgens um fünf

Es ist zwei Uhr nachts und Herr B. liegt genervt und hellwach im Bett. In seinem Kopf rattert es ohne Ende. Aber ihm gehen nicht ständig neue Gedanken durch den Kopf, sondern immer wieder dieselben. Er leidet unter einem Phänomen, das viele von uns kennen und das von Psychologen ganz profan „grübeln" genannt wird. Grübeln bedeutet, über das immer Gleiche immer wieder nachzudenken. Grübeln zeigt uns besonders deutlich die Sinnlosigkeit vieler Denkprozesse, denn grübeln ist für nichts gut. Wir alle grübeln immer wieder und Menschen in depressiven Krisen grübeln besonders viel. Im englischen Sprachraum verwenden Fachleute den Begriff „Rumination", der auch für das Wiederkäuen von Kühen benutzt wird. Und so ähnlich fühlt sich grübeln tatsächlich an: Der Gedanke wurde schon tausend Mal von allen Seiten beleuchtet und doch kann er immer noch nicht „runtergeschluckt" werden.

Herr B. liegt immer noch im Bett, es ist inzwischen drei Uhr dreißig und er grübelt immer noch: *„Wie konnte ich nur …?"* lautet seine immer gleiche Frage, die ihm durch den Kopf geht. *„Wie konnte ich nur letztes Jahr diese Aktien kaufen, die jetzt nichts mehr wert sind?"* Wenn er Glück hat, wird er irgendwann vor Einbruch der Helligkeit doch noch erschöpft einschlafen, und wenn er Pech hat, wird er zwei Stunden später aufwachen mit dem Gedanken *„Wie konnte ich nur …?"*

Zum Grübeln kommt es, wenn unser Geist eine Lösung für ein Problem sucht und nicht „zugeben" mag, dass er keine findet. Denn wenn er mit einer Herausforderung nicht zurechtkommt, dann macht er es sich nicht leicht und legt sich einfach aufs Sofa mit einem: *„Tut mir leid, ich kann da auch nichts tun!"* Er sagt auch nicht: *„Du musst jemand anderen um Hilfe bitten. Mir fällt da einfach nichts mehr ein!"* Stattdessen sagt er: *„Ich muss nur noch mehr drüber nachdenken, irgendwann werde ich die Lösung schon finden. Ich muss alles noch mal ganz gründlich durchdenken, irgendwo habe ich bestimmt was übersehen."*

Ich erzähle hier vom Grübeln, weil es ein sehr gutes Beispiel ist, um die Sinnlosigkeit zu verdeutlichen, die unser Denken manchmal auszeichnet. Außerdem zeigt uns das Grübeln, dass nicht wir es sind, die entscheiden, wann und was wir denken. Nicht wir grübeln, sondern es grübelt uns oder es grübelt *in* uns. Vielleicht ist die deutliche Zunahme von Depressionen in den letzten Jahrzehnten auch Folge eines zu aktiven Geistes. Wenn unser Denken ohnehin schon zu aktiv ist und dann auch noch die Aktienkurse abstürzen, um beim Beispiel von Herrn B. zu bleiben, dann sind unsere quälenden Gedanken einfach nicht mehr zu bändigen.

Die Gedanken sind frei …

Während der Arbeit an diesem Buch schlich sich eines Abends bei mir ein Ohrwurm ein: „Die Gedanken sind frei, kein Mensch kann sie wissen", ein Flugblattlied aus der Zeit der Französischen Revolution, das ich als Jugendlicher am Lagerfeuer oft gesungen hatte. Was ich auch unternahm, ich wurde diese Textzeile nicht los. Schließlich schlief ich spät in der Nacht endlich ein, doch am nächsten Morgen ging es gleich wieder los: „Die Gedanken sind frei …"

Dabei waren meine Gedanken offensichtlich alles andere als frei. Von Gedanken fast schon verfolgt zu werden, hat jeder von uns sicher schon öfter erlebt. Wir alle wissen: Es hat keinen Sinn, immer und immer wieder darüber nachzudenken, wie das Vorstellungsgespräch wohl laufen wird, ob die Frau, in die ich mich frisch verliebt habe, mich auch so toll findet wie ich sie oder warum ich neulich so blöd war und diesen kleinen Unfall verursacht habe. Das Nachdenken darüber ist oft zwecklos, doch es hört einfach nicht auf. Wir haben immer wieder dieselben Gedanken in einer endlosen Schleife, wie eine CD, die sich aufgehängt hat: *„Warum hast du nicht besser aufgepasst? … Hättest du eine Sekunde eher gebremst, wäre jetzt alles gut, so blöd kannst* *doch nur du sein. … Jetzt stuft die Versicherung dich höher, dabei ist dein Konto gerade leer …* "Oft hören wir von Freunden dann die Empfehlung: „Denk einfach nicht mehr drüber nach!", doch einen unsinnigeren Tipp gibt es nicht. Könnten wir unsere Gedanken anhalten, wir hätten es natürlich längst getan! Der gut gemeinte Tipp führt nur dazu, dass wir uns nur noch schlechter fühlen als ohnehin schon.

Wir können nicht selbst entscheiden, wann wir denken, und genauso wenig können wir selbst entscheiden, was wir denken. Auch da macht unser innerer Computer, was er will. Besonders aufdringlich sind Gedanken, die gemeinsam mit starken und rasch einsetzenden Gefühlen auftreten, beispielsweise mit Scham, Ärger oder Angst. Jeder kennt Situationen, in denen er sich in Grund und Boden geschämt hat und sich auch nachträglich noch schämt. Neulich erzählte mir ein Freund eine Schamsituation aus seiner Kindheit. Er war in der vierten Klasse während des Unterrichts auf die Toilette gegangen. Als er die Toilette wieder verlassen wollte, klemmte die Tür und er war eingesperrt, bis er nach lautem Schreien endlich befreit wurde. Mit hochrotem und gesenktem Kopf kehrte er schließlich in die Klasse zurück, und zwar in Begleitung des Hausmeisters, der der Lehrerin und den Mitschülern erzählte, was vorgefallen war. Das Gelächter war natürlich vorprogrammiert. Wochenlang konnte er damals an nichts anderes mehr denken. Nächtelang träumte er davon und schließlich wurde er sogar krank. Er erzählte, noch heute sei es ihm jedes Mal mulmig, wenn er eine öffentliche Toilettentür abschließe.

Wir alle haben ähnliche Situationen erlebt, die peinlich und unangenehm waren und uns lange und oft quälend beschäftigt haben. Welche Situation fällt dir aus deiner eigenen Lebensgeschichte ein? Kommt dir eine Situation aus deiner Kindheit und Jugend in den Sinn oder ein Ereignis, das in letzter Zeit passiert ist?

Die Macht unserer Gedanken

Mit meinen Klientinnen und Klienten mache ich oft eine kleine Übung, die uns die Macht unserer Gedanken zeigt: Bitte stell dir vor, dass vor dir eine in Scheiben geschnittene Zitrone liegt. Zuerst schaust du dir die Zitronenscheiben einfach nur an, dann nimmst du eine in deine Hand und riechst daran. Der säuerliche Geruch steigt in deine Nase und … Meistens kann ich hier schon die Übung beenden, denn fast allen läuft schon bei dieser Vorstellung der Speichel im Mund zusammen. Wenn nicht, erzähle ich weiter, wie wir die Zitronenscheibe langsam zum Mund führen, den Mund öffnen und mit unserer Zunge die saftige Zitronenscheibe berühren. Spätestens hier ist es dann um uns geschehen!

Diese einfache Übung zeigt uns die Macht unserer Vorstellungen und Gedanken. Wir brauchen uns „nur" etwas vorzustellen und unser Organismus reagiert genauso, als wäre die Situation real. Er kann nicht unterscheiden, ob es sich um eine Vorstellung in unserem Kopf handelt oder ob die Situation real ist. Es hilft überhaupt nichts, uns klarzumachen, dass wir ja nur an eine Zitrone *denken*. Wir können uns noch so oft sagen: „Das ist nur ein Gedanke", es läuft uns trotzdem das Wasser im Mund zusammen.

Die Werbeindustrie hat sich dieses Prinzip zunutze gemacht. Sehe ich nur oft genug die glückliche Rama-Familie am Frühstückstisch im Garten, dann kaufe ich irgendwann diese Margarinesorte. Natürlich weiß ich: Es ist ja nur Werbung, die wollen mir was verkaufen, die Leute in dem Werbefilmchen sind gar nicht wirklich glücklich, sondern es sind Schauspieler, die nur so tun als ob. Und trotzdem greife ich irgendwann im Supermarkt zur Rama-Packung, denn ein Teil in mir glaubt: *„Mit Rama bin ich ein glücklicherer Mensch!"*

Gedanken können zwar keine Berge versetzen, wie immer behauptet wird, aber sie verändern unsere Wirklichkeit. Sie nehmen Einfluss auf unsere Körperempfindungen, auf unsere Gefühle und auf unser Verhalten, also sogar darauf, was uns in der Außenwelt begegnet. Die Macht unserer Gedanken erleben wir täglich viele Male, wir nehmen ihren Einfluss jedoch nur selten bewusst wahr. Zum Beispiel können wir durch unsere Gedanken Gefühle hervorrufen. „Ich werd schon sauer, wenn ich nur dran denke“, meinte neulich eine Freundin zu mir, die sich darüber ärgerte, dass ihr neuer Freund sie zur Hausarbeit und zum Badputzen verdonnern wollte.

Du kannst jetzt ausprobieren, welche Auswirkungen deine Gedanken auf deine Gefühle und Empfindungen haben. Du brauchst dir nämlich nur eine Situation vorzustellen, in der du dich so richtig geärgert hast. Versuch dir die Situation möglichst genau vorzustellen: Was ist genau passiert? Wer oder was hat dich geärgert? Höchstwahrscheinlich gerätst du durch die bloße Erinnerung der Situation und das Nachdenken darüber wieder in das Gefühl von Ärger hinein, das du damals erlebt hast.

Natürlich können wir diesen Einfluss unserer Gedanken auch positiv nutzen, indem wir an angenehme Ereignisse denken. In vielen Entspannungsverfahren werden die Teilnehmenden gebeten, sich eine Blumenwiese oder einen anderen für sie schönen Ort vorzustellen. Und tatsächlich ändert sich durch das bloße Vorstellungsbild unser Anspannungsniveau. Die Muskeln lösen sich, das Gesicht glättet sich, unser Atem wird tiefer. Eine Zeit lang haben meine Frau und ich am Abendbrottisch ein sehr schönes Ritual praktiziert. Wir haben uns gegenseitig die ganz einfache Frage gestellt: „Wann ging es Dir heute gut?“ Statt meiner Frau zu erzählen, was heute nicht so gut geklappt hatte, erzählte ich ihr von den schönen Augenblicken des Tages, dem bunten Herbstlaub in den Gärten, der witzigen Begegnung mit dem Nachbarn oder einem erfreulichen Telefongespräch. Uns ging es natürlich viel besser, wenn wir uns gegenseitig von all dem Schönen erzählten, als wenn wir über Probleme gesprochen hätten. Die Arbeit an diesem Buch hat uns dazu bewogen, dieses Ritual wieder aufzunehmen.

Wie konnten wir es zwischendurch nur wieder vergessen?

Ein ganz amüsantes Experiment zeigt uns zugleich die Macht und Machtlosigkeit unseres Geistes: In einem Schlaflabor wurde Probanden mitgeteilt, dass derjenige von ihnen 10 000 Dollar erhalte, der zuerst einschlafen würde. Was war das naheliegende Ergebnis? Alle hatten eine schlaflose Nacht! Die Vorstellung, die 10 000 Dollar zu bekommen, zusammen mit dem krampfhaften Bemühen, möglichst schnell einzuschlafen, hielt alle die ganze Nacht wach. Vieles steht nicht in unserer Macht und ist nicht durch unseren Willen beeinflussbar. Dazu gehört beispielsweise das Einschlafen: Je drängender ich einschlafen will, umso schwieriger wird es.

Nichts als Unsinn im Kopf

Wir denken also meistens nicht, wann wir wollen, und auch nicht, was wir wollen. Das wäre nicht weiter schlimm, wenn unsere Gedanken zumindest sinnvoll und für unseren Alltag nützlich wären. Doch auch das ist leider oft nicht der Fall, denn die meisten unserer Gedanken sind vollkommen nutzlos. Wir beschäftigen uns einen großen Teil des Tages gedanklich mit Dingen, die uns nicht weiterhelfen, die banal und überflüssig sind oder im ungünstigsten Fall sogar schädlich. Das trifft natürlich nicht auf alle Gedanken zu, aber wohl auf den größeren Teil.

Viele unserer Gedanken sind sinnlos oder gar unheilsam, weil sie schlicht überflüssig sind, überflüssig in dem Sinn, dass sie zu nichts führen, nicht einmal zu einem guten Gefühl. Neulich kam eine meiner Klientinnen in die Therapiestunde und berichtete, sie habe von einer verstorbenen Tante 20 000 Euro geerbt und sei nun endlich für einige Jahre ihre Geldsorgen los. Leider gehe es ihr aber gar nicht gut, denn sie habe darüber nachgedacht, wie schwer es für sie wohl werde, wenn das Geld ausgegeben sei. Meine Klientin sah mein Schmunzeln, und wir mussten beide laut loslachen. So verrückt kann unser Denkapparat sein! Anstatt ein Fest zu feiern und sich über die 20 000 Euro zu freuen, produzierte er gleich wieder ein neues Problem.

Wir vergeuden so unglaublich viel von unserer Energie, weil wir uns immer wieder mit Ereignissen beschäftigen, die entweder längst vergangen sind oder die nie eintreten werden. Besonders unsinnig ist das Gedankenspiel „Was wäre gewesen, wenn …?“ Obwohl die Vergangenheit vergangen ist und sich von keinem Menschen der Welt mehr verändern lässt, beschäftigt sich unser Verstand damit, wie es hätte anders laufen können. Diese Form des Denkens ist eine unglaubliche Vergeudung unserer Energie und unserer Zeit. Wir haben wirklich Besseres zu tun, als uns ständig über gestern oder über morgen Sorgen zu machen.

Ebenso schädlich sind Gedanken, die uns selbst, unsere Zukunft oder unsere Umgebung in ein besonders negatives Licht stellen. Sind wir in einer schlechten Stimmung, dann setzen wir eine düstere Brille auf und betrachten die Welt durch einen Grauschleier. Jeder von uns hat seine eigenen destruktiven Lieblingsbotschaften. Je nach Persönlichkeit unterscheiden sich solche Aussagen. Bei manchen Menschen klingt das beispielsweise so: *„Du kannst das nicht!“* Oder: *„Die anderen sind sowieso besser als du!“* Bei anderen klingt es so: *„Du strengst dich nicht genug an!“* Oder: *„Wie blöd hast du dich da wieder angestellt?“* Bei wieder anderen: *„Mit dir will sowieso niemand etwas zu tun haben!“* Oder: *„Es wird dir bald was ganz Schreckliches passieren!“*

All das stimmt natürlich nicht, aber wenn wir erst einmal die Negativ-Brille aufgesetzt haben, sieht alles nur noch düster aus. Es ist genau wie mit der Zitronenscheibe: Wir können nicht zwischen unserer inneren, selbst erschaffenen gedanklichen Wirklichkeit und der äußeren Realität unterscheiden. Unser Geist hält diese Aussagen für wahr. Eine Instanz in uns sagt: *„Ja, genau so ist es, so und nicht anders.“* Wenn wir durch die Negativ-Brille schauen, können wir auch nur negative Dinge wahrnehmen. Wir sehen dann nur Menschen, die grimmig dreinblicken, und bemerken an uns selbst nur unsere Schwächen. Egal, wie schön die Sonne gerade scheint, die paar Wolken am Himmel sind der untrügliche Beweis dafür, dass es sicher bald regnen wird. Unser

Geist konstruiert sich so seine eigene Wirklichkeit. Ist das Glas halb leer oder halb voll?

Beinahe hätten meine negativen Gedanken übrigens dazu geführt, dass ich dieses Buch nie fertig geschrieben hätte. Als ich mit dem Schreiben anfing, war ich noch ganz optimistisch, doch irgendwann überfielen mich innere Botschaften wie: *„Ein solches Buch ist eine Nummer zu groß für dich! Du brauchst es gar nicht zu schreiben, du findest eh keinen Verlag. Und wenn du einen findest, kauft keiner das Buch! Wen interessiert das schon?"* Die Folge davon war natürlich, dass ich nicht mehr kreativ arbeiten konnte. Ich schrieb einen Abschnitt und löschte ihn gleich wieder, jeder Satz, den ich zum zweiten Mal las, gefiel mir nicht mehr. Und in der Tat hatte sich nicht nur meine Bewertung der Texte geändert, sondern mein Schreibstil war langweilig und lustlos geworden. Das Schreiben machte keine Freude mehr, sondern war ein Kampf geworden. Meinen Gedanken war es gelungen, eine Wirklichkeit nach ihrem Abbild zu erschaffen. Was ich da erlebte, war die von Schriftstellern so gefürchtete Schreibblockade: Ein überkritischer Geist erstickt jede Kreativität und Lebendigkeit, der Text wird fad, das Schreiben zur Qual.

Aber was konnte ich nur tun, um wieder Freude am Schreiben zu finden, um an das Vorhaben zu glauben? Ich wusste, der einzige Weg bestand darin, mein Denken zu beruhigen und genau das anzuwenden, was ich in diesem Buch beschreibe. Es half nichts, wenn meine Freunde mir sagten: „Du schaffst das, wir glauben an dich." In meinem Inneren stieg sofort ein Einwand auf: *„Die können das gar nicht beurteilen, von denen schreibt ja niemand."* So entschied ich mich, für einige Tage in ein Meditationszentrum zu gehen, um meinen Kopf zu entspannen. Und siehe da: Mein Geist wurde ruhiger und der Text floss wieder. In mir war es stiller geworden und Lebendigkeit und Kreativität kehrten zurück.

Ich denke, also fühle ich

Manchmal wird so getan, als seien Gedanken schlecht („Das ist ja nur im Kopf") und Gefühle gut („Ich höre lieber auf mein Bauchgefühl"). Leider muss ich auch diese Illusion zerstören, denn sehr oft werden unsere Gefühle natürlich durch Gedanken ausgelöst. Gedanken, Körperempfindungen, Gefühle und Handlungen sind untrennbar miteinander verwoben. Die Zitronenübung hat uns gezeigt, wie durch Kognitionen und Vorstellungsbilder unmittelbar und ohne unsere Entscheidung autonome Körperreaktionen ausgelöst werden. Damit gehen dann natürlich auch Gefühle einher wie Freude oder Ärger. Im Alltag ist es sehr schwer, bewusst wahrzunehmen, wie Gedanken unsere Gefühle anstoßen, weil diese Prozesse sehr schnell ablaufen.

Nehmen wir einmal an, du hast dich nach langer Zeit endlich wieder mit einem Freund zum Kino verabredet und freust dich auf den Abend. Du hast die Kinokarten schon in der Tasche und wartest jetzt vor dem Kino auf ihn. Als er nach zehn Minuten immer noch nicht da ist, wirst du langsam ungeduldig und versuchst, ihn auf dem Handy zu erreichen, aber er geht nicht dran. Vermutlich ist er nicht rechtzeitig aus dem Büro weggekommen. Deine Ungeduld nimmt zu: *„Sicher läuft der Vorfilm schon. ... Jetzt hock ich hier alleine mit den Kinokarten. Dieser Blödmann, wieso ist der nicht da? ... Ich bin ja schließlich auch pünktlich. ...* " Es steigt langsam Ärger in dir auf und fünf Minuten später bist du richtig sauer: *„Eigentlich hab ich es schon länger gewusst, der denkt nur an sich, mit so einem verabredest du dich auch noch zum Kino? ...* " Plötzlich siehst du ihn, wie er ganz langsam in Richtung Kino kommt und sein Fahrrad schiebt. Die Lust aufs Kino ist dir längst vergangen: *„Na warte, ich lass mir das nicht bieten ...* "

Dann fallen dir plötzlich sein verbeultes Fahrrad und seine verdreckte Hose auf. Du läufst ihm entgegen und siehst schon aus der Distanz, dass es ihm gar nicht gut geht. Er erzählt, er hatte gerade einen ziemlich gefährlichen Fahrradunfall, ein Auto hatte ihm die Vorfahrt genommen, und er war nach einer Vollbremsung vornüber gestürzt. Der Autofahrer sei einfach davongefahren. Als du das hörst, nimmst du deinen Freund in die Arme und bist heilfroh, dass es ihm halbwegs gut geht. Du schämst dich für die Gefühle von eben und deine innere Stimme wendet sich nun gegen dich selbst: *„Ein Glück, dass ihm nichts passiert ist. … Wie konntest du nur so schlecht über ihn denken? … Er wäre beinahe im Krankenhaus gelandet, was bist du nur für ein Freund?"* Aus Ärger ist blitzschnell Scham geworden, weil sich die inneren Gedanken- und Bewertungsprozesse verändert haben.

So weit eine beliebige Alltagssituation, von denen wir tagtäglich ähnliche erleben. Sie zeigt uns: Abhängig davon, wie wir ein Ereignis oder ein Verhalten bewerten, also was wir denken, reagieren wir auf dieselbe Situation mit völlig anderen Gefühlen und Empfindungen. Oft werden unsere Gefühle direkt durch unsere Gedanken ausgelöst, wie in diesem Beispiel. Wenn ich annehme, jemand lässt mich mit Absicht oder aus Unachtsamkeit warten, werde ich sauer. Wenn wir befürchten, dass uns Gefahr droht, bekommen wir Angst. Wenn wir uns zurückgewiesen fühlen, werden wir traurig. Weil der zeitliche Abstand zwischen unseren Gedanken und Gefühlen vielfach sehr kurz ist, haben wir subjektiv den Eindruck, unser Gefühl sei eine unmittelbare Reaktion auf die äußere Situation. Doch eigentlich aktiviert eine äußere Situation in uns einen Bewertungs- und Einordnungsprozess, und je nachdem, wie wir das Ereignis beurteilen, reagieren wir mit unterschiedlichen Gefühlen.

Vielleicht wirst du jetzt einwenden, dass Gefühle manchmal unglaublich schnell entstehen und dabei kein kognitiver Verarbeitungsprozess stattfinden kann – und genau das stimmt. Wenn es jetzt plötzlich in deiner Umgebung einen lauten Knall gibt, dann schießt sofort Adrenalin in deinen Blutkreislauf, und du drehst dich blitzschnell in jene Richtung, aus der der Knall kommt. Für Angstgedanken ist bis dahin noch gar keine Zeit, denn dein Körper reagiert autonom, also ohne dein bewusstes Zutun. In deinem Gehirn übernehmen, ähnlich wie bei Tieren, die in der Evolution früh entstandenen Hirnareale die Kontrolle über deine Handlungen und Entscheidungen, denn ein kognitiver Bewertungsprozess würde in einer Gefahrensituation viel zu lange dauern. Doch direkt nach der unmittelbaren Reaktion setzt wieder ein Bewertungsprozess ein, und je nachdem, wie der ausfällt, entwickelt sich die emotionale Reaktion. Wenn du zu dem Ergebnis kommst: *„Der Lärm kommt von der Baustelle nebenan, kein Grund zur Sorge!"*, dann wird die körperliche Alarmreaktion wieder abgeblasen und du sagst dir erleichtert: *„Hab ich mich erschreckt!"* Die erste Reaktion ist jedoch kein Gefühl, sondern eine autonom ablaufende Körperreaktion, die wir für ein Gefühl *halten*.

In der achtsamkeitsbasierten Psychotherapie gibt es den Ausspruch: „Du *bist* nicht dein Gefühl, sondern du *hast* ein Gefühl." Gemeint ist damit, dass wir im Alltag oft mit unseren Gefühlen vollkommen identifiziert sind, ähnlich wie mit unseren Gedanken. Wir haben normalerweise weder Abstand zu unseren Gedanken noch zu unseren Gefühlen. Wir lösen uns dann quasi in einem Gefühl auf und sind nur noch Angst, Ärger, Traurigkeit oder was auch immer. Eindrücklich erleben wir das, wenn wir frisch verliebt sind: Wir *sind* Feuer und Flamme für den anderen, denken Tag und Nacht an ihn oder sie, halten ihn für den schönsten Menschen auf der Welt und glauben, dass mit ihm oder ihr endlich das ewige Glück in unser Leben Einzug hält. Ewig in den Armen des anderen liegen, was könnte es Schöneres geben? Wir *haben* kein Gefühl des Verliebtseins, sondern wir gehen vollkommen darin auf.

Natürlich dürfen wir dieses schöne Gefühl ruhig in vollen Zügen auskosten. Wenn wir aber in unserem Alltag zu oft mit unseren Gefühlen völlig identifiziert sind, dann wird unser Leben anstrengend und leidvoll. Auch das kennen wir alle, wenn wir nämlich zu unseren unangenehmen Gefühlen keinerlei Abstand mehr haben. Wer ganz und gar in seine Traurigkeit versinkt, wird sich womöglich im Bett verstecken und im Leben keinen Sinn mehr sehen. Im Extremfall wird er sogar darüber nachdenken, sich das Leben zu nehmen, denn es ist für ihn nicht vorstellbar, dass sich das Gefühl jemals wieder auflösen könnte. Es ist, als wenn wir im Winter vergessen hätten, dass bald wieder der Frühling kommt. Wer nur noch Wut *ist*, kann bei sich selbst und gegenüber anderen viel Schaden anrichten. Wer nur noch Angst *ist*, traut sich nichts mehr zu. Es geht darum, uns nicht in einem Gefühl zu verlieren, sondern unser Gefühl als das zu erleben, was es ist: Eine tiefe Empfindung, die wieder vergeht und der ein anderes Gefühl folgen wird.

Ganz ähnlich, wie wir Lieblingsgedanken haben, haben wir übrigens auch Lieblingsgefühle. Die meisten unserer Gefühle sind nicht einfach eine Reaktion auf die äußere Situation, sondern wir haben sie gelernt, sie sind konditioniert und seit der Kindheit immer wieder verfestigt worden. Meistens waren es unsere Eltern oder andere enge Bezugspersonen, von denen wir unsere typischen Gefühlsreaktionen übernommen haben. Wer eine ängstliche Mutter hatte, reagiert im späteren Leben selbst schnell mit Angst. Wer einen jähzornigen Vater hatte, hat sich vielleicht selbst schon bei einem plötzlichen Wutausbruch ertappt. Dies ist noch ein Grund mehr, auch Gefühle beobachten zu lernen und sich nicht von ihnen überrollen zu lassen. Wem ist gedient, wenn wir in Gefühlen gefangen sind, die eigentlich gar nicht *uns* „gehören", sondern die von anderen Personen kopiert sind?

Unser Autopilot

Wer entscheidet eigentlich, was ich tue? Die übliche Antwort ist klar: „Natürlich ich!" Wir erleben uns als freie Individuen, die eigenständig darüber bestimmen, wie wir uns verhalten, was uns gefällt, wen wir mögen oder womit wir uns beschäftigen. Angeblich kann ich frei entscheiden, ob ich noch eine Zigarette rauche oder nicht, ob ich in meiner Wut den anderen beleidige oder wie ich mit Verletzungen oder Enttäuschungen umgehe. Wenn wir uns selbst aber ein bisschen genauer beobachten, dann stellen wir fest, dass die meisten unserer Alltagshandlungen nicht auf Entscheidungen beruhen, sondern unbewusst und automatisiert ablaufen. Jeder Raucher weiß, wie mechanisch er zur Zigarette greift. Wir essen noch einen Riegel Schokolade, nicht weil sie uns so gut tut, sondern weil wir einem inneren Programm folgen und nicht einmal merken, wie unsere Hand uns schon wieder ein Stück Schokolade in den Mund schiebt. Erst beim letzten Stück fällt uns dann auf: *„Jetzt hab ich ja die ganze Tafel gegessen, eigentlich wollte ich doch nur ...“*

Wenn wir uns ganz genau beobachten, stellen wir sogar fest, dass nicht nur einige, sondern fast alle unserer Handlungen automatisch ablaufen. Das gilt zunächst einmal für unsere Bewegungen und Alltagshandlungen, etwa wenn ich in einen Apfel beiße oder an den Fingernägeln kaue. Richte deine Aufmerksamkeit einen Augenblick auf dich selbst: Was tust du sonst noch, während deine Augen auf das Papier schauen? Was läuft neben deiner Haupttätigkeit ganz automatisch und unbewusst ab? Wackelst du vielleicht mit deinem Fuß? Ziehst du deine Schultern hoch? Fährst du mit der Hand durch die Haare?

Alle diese Bewegungen laufen ohne unser bewusstes Zutun ab, wir *entscheiden* uns nicht dafür, sondern sie *werden getan.* Aber auch komplexere Verhaltensweisen laufen oft unbewusst ab, etwa wie ich reagiere, wenn im Auto vor mir ein Sonntagsfahrer mit Hut unterwegs ist, der mit 50 km/h über die Landstraße schleicht. Auch in unseren Lebenszielen folgen wir oft Automatismen und Gewohnheiten. Wir werden beispielsweise innerlich angetrieben, viel zu leisten, Besitz anzuhäufen oder anderen zu gefallen. Eventuell stellen wir unser ganzes Leben in den Dienst eines solchen „Auftrags“.

Letztlich ist es natürlich auch entlastend, dass wir nicht alles selbst entscheiden müssen. Wir haben ein wunderbares Steuerprogramm in uns, das uns hilft, den Alltag zu bewältigen und mit all den vielen Tausend Reizen und Informationen zurechtzukommen. Dieses Programm übernimmt all unsere Routinehandlungen. Ich brauche eben nicht jedes Mal neu zu überlegen, wie die Kaffeemaschine funktioniert, auf welchen Knopf ich drücken muss und wo die Tasse hingehört, sondern mein inneres Steuerungsprogramm hat sich das alles längst gemerkt und übernimmt das für mich. Vermutlich 99 Prozent unserer Handlungen werden durch dieses Programm gesteuert, das wir auch unseren „Autopiloten“ nennen können. Meistens ist er hilfreich für uns, denn er spart uns viel Energie und Aufmerksamkeit. Doch es gibt auch

Situationen in unserem Leben, in denen es besser wäre, wenn wir unseren Autopiloten auch mal ausschalten könnten. Piloten im Cockpit eines Flugzeugs können das. Sie entscheiden, ob sie den Autopiloten einschalten oder lieber selbst den Steuerknüppel in die Hand nehmen. Bei heikleren Manövern und auch bei Starts und Landungen steuern auch heute noch die Piloten selbst, denn es wäre viel zu gefährlich, dies dem Autopiloten zu überlassen. Ich jedenfalls würde in kein Flugzeug einsteigen, das immer vom Autopiloten geflogen würde und in dessen Cockpit sich nur noch ein Computer befände. Unser Autopilot lässt sich jedoch nicht so einfach ein- und ausschalten. Er übernimmt das Ruder, wann er will, und oft macht er auch, was er will, ohne Rücksicht darauf, ob das sinnvoll ist oder nicht. Paradoxerweise übernimmt er gerade in heiklen Situationen die Regie.

Neulich sprach ich mit einer Frau, die unter einer zerstörerischen Form von Eifersucht litt. Wenn ihr Freund sie nicht täglich mehrmals anrief, wurde sie sehr misstrauisch und befürchtete, er könne sie betrügen. Ihr innerer Dialog lief etwa so ab: *„Der liegt bestimmt mit einer anderen Frau im Bett, warum sollte er sich sonst nicht bei dir melden? Neulich im Café hat er ständig nur zu den Frauen am Nachbartisch gestarrt. Du kannst dir sicher sein, dass er längst eine andere hat."* Sie fühlte sich verlassen und ausgenutzt und geriet in innere Unruhe und heftige Wut auf ihren Freund. Aus ihren Gefühlen wurde langsam ein innerer Auftrag: *„Fahr hin, du musst schauen, was er da wieder macht. Wenn du ihn erwischst, weißt du zumindest, woran du bist."*

Am Abend war es dann so weit. Sie fuhr wie getrieben zu seiner Wohnung, lief durch den Garten und sah ihn … allein im Arbeitszimmer am Computer sitzen. Beschämt schlich sie wieder zu ihrem Auto und hoffte, er habe sie nicht gesehen. Sie war glücklich, dass ihre Angst wohl unbegründet war. Zugleich aber war sie wütend auf sich selbst. Sie verstand selbst nicht, dass sie ihrem Freund schon wieder misstraut hatte. Das Schädliche an ihrem Verhalten war: Es war nicht das erste Mal, dass sie zu ihm fuhr und ihn kontrollierte. Im Laufe weniger Monate war sie bestimmt zwanzig Mal zu seiner Wohnung gerast. Und er war auch nicht ihr erster Partner, dem sie auf diese Art und Weise misstraute. Zwei Beziehungen waren bereits an ihrer Eifersucht und ihrem Kontrollbedürfnis zerbrochen.

Nun leiden wir nicht alle unter einer rasenden Eifersucht, aber jeder von uns kennt eigene Verhaltensweisen, auf die er kaum einen Einfluss zu haben scheint. Der Autopilot hat längst entschieden, wohin es gehen soll, und wir benehmen uns eher wie ein Roboter als wie ein selbstbestimmt handelnder Mensch.

In welchen Situationen ist in deinem Leben der Autopilot eingeschaltet, obwohl das vielleicht gar nicht wohltuend ist? Lass dir einen Moment Zeit, um eine Begebenheit zu finden, in der du dich leicht in einen Roboter verwandelst. Vielleicht ist es ein Ereignis aus der jüngsten Vergangenheit, vielleicht liegt es aber auch schon länger zurück oder hat sich in deinem Leben schon öfters wiederholt.

Die Reise beginnt …

Wir haben gesehen, wie dominant unser Geist oftmals ist und wie uns das davon abhält, Lebensfreude im gegenwärtigen Moment zu empfinden. Wir haben festgestellt: Nicht wir denken, sondern es denkt in uns, und wir schaffen es nicht einmal für kurze Zeit, nicht zu denken. Wir haben auch gesehen, wie eng Gedanken, Gefühle und Körperempfindungen miteinander verwoben sind. Und dann mussten wir uns sogar eingestehen, dass wir häufig nicht einmal über unsere Handlungen selbst bestimmen, sondern meistens von unserem Autopiloten dirigiert werden. All das anzuerkennen und im eigenen Leben zu beobachten, ist der Anfang der Reise, auf die wir uns in diesem Buch begeben!

Am Anfang dieses Kapitels habe ich behauptet, wir alle können nicht einmal eine Minute auf unser Denken verzichten. Nun kenne ich aber eine ganze Reihe von Menschen, denen das durchaus gelingt. Wir können nämlich lernen, innere Stille zu finden und Abstand zu unseren Gedanken zu gewinnen. Zwar nicht von jetzt auf gleich und auch nicht für immer und ewig, aber doch Schritt für Schritt. Leider gibt es keine schnellen Lösungen, um unseren Geist zu beruhigen. Gäbe es sie, so würden wir sie längst nutzen, denn wir alle haben diese Sehnsucht nach innerer Stille und Entspannung und nach wirklichem Loslassen. Der Weg besteht darin, die Verrücktheit unseres Denkens zu beobachten und uns langsam davon zu distanzieren. Dann entsteht ein Raum für all das, was bisher vom Denken überlagert war. Wollen wir öfter in diesen Zustand eintauchen, dann braucht es unser entschlossenes Engagement. Ich möchte nicht sagen, wir müssen *arbeiten*, denn dann wird etwas in dir sofort einwenden: *„Bitte nicht noch mehr Anstrengung, ich bin schon so erschöpft!“*, und du klappst dieses Buch gleich wieder zu. Aber ohne Aufmerksamkeit und Wachheit geht es nicht. Nur so können wir lernen, unseren Geist mit seinen Abläufen besser zu verstehen und ihn zu meistern. Dazu reicht das bloße Lesen dieses Buches nicht aus, sondern wir müssen lernen, unsere ruhelosen Gedankenprozesse zu beobachten – und das am besten täglich in unserem Alltag. Dadurch gewinnen wir mehr und mehr Distanz und können immer öfter entscheiden, ob wir dem Gedankenstrom glauben und folgen wollen oder nicht. Um das zu erleichtern, findest du im Text Übungen und Anregungen zur Selbstreflexion. Diese Übungen bieten eine Unterstützung, um das im Text Beschriebene mit deinen eigenen Erfahrungen zu füllen. Nur dann kann es wirken und sich entfalten!

Dein Geist wird sich, während du dieses Buch liest, immer wieder einmischen. Vorgeschlagene Übungen kommentiert er gerne mit: *„Das kenne ich doch schon, du brauchst dich nicht mit der Übung aufzuhalten, lies einfach weiter.“* Doch gerade das solltest du nicht tun. Nimm deine Gedanken wahr, aber werde nicht zum Autopiloten. Lass dich auf die Übung ein und entscheide dann, ob sie für dich hilfreich war.

SELBSTERFORSCHUNG

„Ich bin neugierig darauf, was mein nächster Gedanke ist."
Diese Übung ist hilfreich, um herauszufinden, was in unserem Geist ständig vor sich geht. Wir lernen die Gewohnheiten und Inhalte unseres Geistes kennen.

Schließ deine Augen und versuche so aufmerksam wie möglich zu sein. Beobachte genau, welche Gedanken auftauchen und nimm sie bewusst wahr. Bring die größtmögliche Konzentration auf. Wenn du müde bist, kannst du diese Übung nicht machen, du hast dann nicht genug Aufmerksamkeit, um deine Gedanken wahrzunehmen. Sag dir also: „Ich bin neugierig darauf, was mein nächster Gedanke ist." Registriere jeden Gedanken wie ein Forscher. Bleibe nicht an dem Gedanken hängen, sondern löse dich wieder von ihm. Nimm anschließend wieder die gedankenfreie Phase wahr und sei aufmerksam, welcher Gedanke als Nächstes kommt.

2

Unser innerer Beschützer

Unser Geist hat nur ein einziges Ziel: Er möchte uns vor Gefahren schützen und dafür sorgen, dass es uns gut geht. Dafür ist er bereit, sich ganz schön anzustrengen und ins Zeug zu legen. Er ist eigentlich unser bester Freund, auch wenn wir manchmal von ihm genervt sind oder uns wünschen, er möge endlich Ruhe geben. Evolutionär ist er entstanden, weil es für den Menschen einen Überlebensvorteil bedeutet, analytisch denken zu können, zukünftige Ereignisse gedanklich vorwegzunehmen und sich über Vergangenes noch einmal Gedanken machen zu können. Er hilft unser Überleben zu sichern, indem er uns vor den Gefahren des Lebens schützt. Gerade was äußere Gefahren angeht, macht er seine Arbeit oft ziemlich gut. Dem rational-analysierenden und planenden Geist ist es zu verdanken, dass wir heute viele Krankheiten behandeln können. Unserer Fähigkeit, zielgerichtet zu denken, haben wir es zu verdanken, dass wir heute Strom haben, telefonieren können, bequem in schönen und beheizten Häusern leben, den Computer oder das Flugzeug benutzen und sogar in den Weltraum fliegen können.

Unser Geist schützt uns nicht nur vor äußeren Risiken, sondern auch vor inneren Empfindungen, die er ebenfalls als gefährlich interpretiert und vor denen er uns bewahren möchte. Wenn wir nach einem anstrengenden Arbeitstag mit einem unangenehmen Gefühl von Erschöpfung nach Hause kommen, wenn wir bei der Arbeit einen Fehler gemacht haben und uns dafür schämen oder wenn wir an schwere Verletzungen aus unserer Kindheit erinnert werden, dann wird er aktiv, um uns vor unseren Missempfindungen und unserem inneren Schmerz zu schützen. Unser Geist ist dabei nur ein Teil dieses sehr komplizierten und vernetzten inneren Schutzsystems. Es besteht aus gedanklichen Reaktionen und unserer erworbenen Persönlichkeit. Es sind aber auch Prozesse beteiligt, die von unserem Stammhirn gesteuert werden, also jener Hirnregion, die sehr früh in der Evolution entstanden ist. Prozesse, die von dieser Region dirigiert werden, laufen sehr schnell ab und sind unbewusst. Daher ist es nicht ganz einfach, unserem inneren Beschützer wirklich auf die Spur zu kommen. Aber wenn wir verstehen wollen, warum wir oft vom gegenwärtigen Moment abgeschnitten sind, warum wir uns so oft mit Vergangenheit und Zukunft beschäftigen oder Dinge tun, die uns letztlich gar nicht gut tun, dann müssen wir diesen inneren Beschützer bei seiner Arbeit beobachten und ihn verstehen lernen. Beginnen wir mit der Frage, welche Gefahren in uns lauern, vor denen er uns bewahren möchte.

Missempfindungen und unerträgliche Gefühle

Alle Wesen auf der Welt – Menschen wie Tiere – sind darauf ausgerichtet, unangenehme Empfindungen zu vermeiden und angenehme zu suchen. Unangenehme Empfindungen werden als Gefahr interpretiert, angenehme gelten als sicher. Das fängt schon bei kleinsten Missempfindungen an, wenn wir Hunger haben oder Durst, wenn uns zu warm ist oder zu kalt, wenn wir ein Geräusch als störend empfinden oder wenn es im linken Bein zwickt. Selbst solche letztlich unbedeutenden Missempfindungen halten wir nicht gut aus, wir wollen sie sofort los sein.

Daneben versucht uns unser innerer Beschützer vor Gefühlen zu schützen, die wir als unangenehm erleben. Dazu kommt es beispielsweise, wenn unsere Bedürfnisse nach Liebe, Angenommensein, Gesehenwerden oder Sichgeborgenfühlen nicht erfüllt werden. Viele Dutzend Situationen lösen jeden Tag solche Gefühle aus. So kann beispielsweise eine kleine Meinungsverschiedenheit mit dem Arbeitskollegen dazu führen, dass ich mich abgelehnt fühle. Hat ein Freund meinen Geburtstag vergessen, fühle ich mich nicht gesehen, und wenn ich bei meiner Stellensuche schon wieder eine Absage bekommen habe, reagiere ich mit einem Gefühl der Enttäuschung oder auch des Ärgers.

Ein weiterer Grund für inneren Schmerz ist ein Nachhall von früheren Verletzungen. Um das besser zu verstehen, muss ich etwas ausholen: Auf äußere Gefahren und belastende Ereignisse reagieren wir mit starken Empfindungen. Werden diese gut verarbeitet, tragen wir sie nicht länger mit uns herum. Gelingt die Verarbeitung allerdings nicht, und das ist sehr oft der Fall, dann hinterlassen sie in uns eine Spur, einen Nachhall. Die innere Verletzung mit all ihren Empfindungen wird in einer Schublade abgelegt, und sobald es bestimmte Hinweisreize gibt, wird diese Schublade wieder aufgemacht. Obwohl das Ereignis längst vergangen ist, tragen wir das unangenehme Gefühl noch mit uns herum.

Eine Bekannte von mir wurde als kleines Kind abends von ihren Eltern oft allein gelassen. In diesen Nächten fühlte sie sich vollkommen einsam und ungeliebt, als das einsamste Wesen auf der ganzen Welt. In ihr wuchs das Gefühl, dass ihre Eltern sie eigentlich gar nicht mochten und sie ihnen gleichgültig war. Diese Erfahrung brannte sich regelrecht in ihr Gedächtnis ein. Heute lebt sie mit ihrem Mann und ihren zwei Kindern glücklich zusammen und ist alles andere als einsam. Aber immer wieder holt sie diese alte Erfahrung ein. Wenn ihr Mann beispielsweise den Wunsch äußert, auch mal für sich allein zu sein oder ohne sie etwas zu unternehmen, fühlt sie sich sofort wieder wie das kleine dreijährige Kind und erlebt sich mutterseelenallein. Solche Gefühle sind fast nicht erträglich, der Schmerz kann unbeschreiblich sein: Empfindungen von Verlassenheit, ungeliebt sein, Einsamkeit, innerer Leere oder tiefer Angst. Viele dieser für uns unerträglichen Empfindungen sind durch Ereignisse in unserer Lebensgeschichte verursacht. Wer wie meine Bekannte oft allein war, für den ist Alleinsein das Schlimmste auf der Welt. Wer von Klassenkameraden schikaniert wurde und sich nicht zur Wehr setzen konnte, für den ist es unerträglich, unterlegen und schwach zu sein.

Es gibt aber auch Schmerz, der nicht durch unsere individuelle Biografie verursacht wurde, sondern seinen Ursprung in den Begrenzungen hat, denen wir als menschliche Wesen generell ausgeliefert sind. Im Buddhismus wird davon gesprochen, dass es in unserem Leben immer Dukkha, also Leid gibt. Ganz gleich, wie sehr wir uns anstrengen, wir können es nicht umgehen, denn wir sind Wandel, Verlust, Trennung, Krankheit, Alter und Tod unweigerlich ausgesetzt. Wenn unser ruheloser Geist sich darum bemüht, uns vor Schmerz zu schützen, dann rennt er also gegen Windmühlen an. So sehr er sich auch anstrengt, es wird ihm nicht gelingen, uns vor schmerzvollen Erfahrungen zu schützen. Die bedrohlichste ist sicher unsere Endlichkeit. Wir alle werden sterben, daran gibt es nicht den geringsten Zweifel. Mit dem Tod ist eine tiefe Urangst verbunden. Wir werden durch verschiedene Erfahrungen immer wieder an unsere Endlichkeit erinnert und in uns entsteht auch dadurch inneres Leid. Auch das Isolieren und „Verschwindenlassen" von kranken, alten und behinderten Menschen in unserer Gesellschaft schützt uns nicht vor unseren eigenen Ängsten und auch nicht davor, selbst einmal krank und hilfsbedürftig zu werden.

„Beam me up, Scotty"

In der Science-Fiction-Serie „Raumschiff Enterprise" spielt der Schauspieler James Dooham die Rolle des Chefingenieurs Scotty, der selbst bei waghalsigsten Aktionen immer an Bord der Enterprise bleiben musste, um im Notfall seine Kollegen jederzeit wieder aufs Raumschiff zurückbeamen zu können. Dazu gab es auf der Enterprise eine Maschine, mit der sich Menschen vom Raumschiff an einen anderen Ort beamen lassen konnten – und auch wieder zurück. Sie wurden einfach entmaterialisiert und an dem neuen Ort wieder verstofflicht. Selbst viele Millionen Kilometer waren für dieses Gerät kein Problem! Immer wenn jemand von der Besatzung im Außeneinsatz war und es dort brenzlig wurde, hieß es einfach „Beam mich hoch, Scotty!" und innerhalb weniger Sekunden waren Captain Kyrck und seine Begleiter dann nicht mehr auf einem unwirtlichen tiefgefrorenen Planeten oder in den endlosen Weiten einer fernen Galaxie, sondern wieder auf der sicheren Enterprise.

Als Kind habe ich mir oft gewünscht, dass mich auch jemand wegbeamt, wenn es mir irgendwo nicht mehr gefiel. Wenn ich Streit hatte mit den Nachbarskindern oder mit meiner Schwester, hätte ein „Beam mich hoch, Scotty!" genügt, und ich wäre meine blöde Schwester endlich los gewesen. Ich saß in der Schule in einer dieser langweiligen Mathestunden oder womöglich wurde sogar eine Klassenarbeit geschrieben: „Beam mich hoch, Scotty!" – und mich würde all das nichts mehr angehen. Ich wünschte mir öfter, die Erwachsenen würden bald so ein Gerät erfinden, das nicht nur auf der Enterprise, sondern auch auf unserer Erde funktioniert. Was ich damals nicht wusste: Diese Maschine gibt es längst, und sie wird rege genutzt, unser Geist wendet sie viele Hundert Mal am Tag an. Seine am häufigsten angewandte Strategie, uns vor innerem Schmerz und unangenehmen Empfindungen zu schützen, besteht darin, die Situation beiseitezuschieben, innerlich wegzugehen. In einer starken Form wird dies von den Psychologen als Dissoziation bezeichnet, eine Selbstschutzstrategie für besondere Belastungssituationen. Wenn wir dissoziieren, verlassen wir innerlich die Situation oder unseren Körper. Wir können uns dann beispielsweise nach einem schweren Verkehrsunfall nicht mehr an die Ereignisse erinnern. Als mildere Variante begleitet das Wegbeamen unseren Alltag. Es vergeht wohl kein Tag, an dem wir nicht vor unseren inneren Empfindungen davonlaufen. Was wir da mit uns machen, ist eigentlich nichts anderes, als wenn man ein weinendes Kind mit einem spannenden Bilderbuch oder einem niedlichen Teddy abzulenken versucht. Genau so probiert es unser Geist und zwar mit Erfolg!

Wir kommen diesen „Beam-mich-weg!“-Strategien am besten auf die Spur, wenn wir uns zunächst unsere Verhaltensweisen anschauen, die ganz offensichtlich die Funktion haben, uns von unseren inneren Empfindungen zu trennen und uns vor ihnen zu schützen: Wenn wir beispielsweise gestresst und angespannt sind und zur Bierflasche greifen oder den Fernseher einschalten. Gerade beim Fernsehen passt der Vergleich mit der Maschine auf der Enterprise natürlich sehr gut, denn wir verschwinden gedanklich ja tatsächlich an einen anderen Ort. Mein Körper liegt auf dem Sofa im Wohnzimmer, doch mit meinen Gedanken und Gefühlen bin ich auf dem Traumschiff in der Karibik, im Dschungelcamp oder wo auch immer. Der durchschnittliche Fernsehkonsum eines Deutschen beträgt etwa vier Stunden am Tag. So viel Zeit vor dem Fernseher zu verbringen, lässt sich wohl nicht mit dem interessanten Programm erklären. Manchmal sehen wir ja tatsächlich fern, weil uns der Inhalt wirklich interessiert, meistens spielt er aber kaum eine Rolle. Vielmehr erfüllt Fernsehen an sich eine Funktion, nämlich uns von unserer momentanen Befindlichkeit oder unserer Lebenssituation abzulenken. Der Inhalt ist allerdings nicht ganz beliebig, denn das Ablenkungsspiel funktioniert nur, wenn unsere Aufmerksamkeit tatsächlich gebunden wird. Das ist der Grund, warum Fernsehmacher keine Filme von Blumenwiesen drehen oder von Wolken, die am Himmel dahinziehen. Der Ablenkungstrick funktioniert am besten mit Filmen, die unser internes Kampf-Flucht-Programm aktivieren. Dafür eignen sich Kriminal- und Gewaltfilme besonders gut. Je mehr geschossen wird, desto weniger nehmen wir noch wahr, wie gestresst wir eigentlich von der Arbeit nach Hause gekommen sind, wie leer es sich in uns anfühlt oder dass wir Angst vor der Zukunft haben. Unsere eigenen Empfindungen werden überdeckt von Gefühlen, die der Film in uns hervorruft. Beispielsweise haben wir schreckliche Angst, weil unser geliebter James Bond beinahe doch vom russischen Geheimdienst erwischt worden wäre. Unser Organismus hält diese Bedrohungssituation für real, er schüttet Angsthormone aus und schon sind wir unser Gefühl von Leere oder Langeweile oder Traurigkeit zumindest für eine kleine Weile los.

Neben dem Fernsehen gibt es noch einige weitere verbreitete und sehr offensichtliche „Beam-mich-weg!"-Strategien. Eine davon ist, sich „sinnlos zu betrinken". Mehr zu trinken, als der Körper verträgt, hat den ganz offensichtlichen Sinn, nicht spüren zu müssen, wie ich mich gerade fühle. Ich habe vorhin die Kündigung erhalten oder erfahren, dass meine Frau sich von mir trennen will. Der Schmerz erscheint so unerträglich, dass der Geist in den „Autopiloten" umschaltet und zur Bierflasche greift. Aber manchmal reicht es schon aus, mit einem Gefühl der Langeweile oder Erschöpfung von der Arbeit nach Hause zu kommen, sich die Frage nach dem Sinn des Lebens zu stellen oder eine unangenehme Unruhe und Nervosität im Körper zu spüren.

„Beam-mich-weg!"-Strategien laufen immer nach der gleichen „Masche" ab und sind größtenteils unbewusst: Am Anfang steht eine unangenehme Empfindung. Dann kommt entweder der Gedanke: *„Lenk dich ab, dann geht es dir besser"*, oder ein schon automatisierter Handlungsimpuls. Wir glauben diesem Rat und versuchen, unsere unangenehmen Empfindungen zu überdecken. Sobald wir uns aber nicht mehr ablenken, tritt das Gefühl wieder auf und drängt eventuell mit noch mehr Energie ins Bewusstsein. Wir müssen uns also noch mehr einfallen lassen, damit wir das Gefühl nicht mehr empfinden müssen.

Diesen Teufelskreis könnten wir eigentlich leicht durchschauen. Doch unser Geist wendet einen kleinen Trick an, damit er sein Ablenkungsspiel weiter mit uns treiben kann. Er redet uns nämlich ein, dass es ihm gar nicht um Ablenkung geht, sondern dass die Tätigkeit an sich wirklich wichtig sei. Mich hat er z. B. jahrelang vor den Fernseher gelockt mit der Begründung, ich müsse doch über das Weltgeschehen informiert sein und daher wäre es gut für mich, die Tagesschau oder eine andere Nachrichtensendung zu sehen. Doch dabei blieb es dann natürlich selten. In den meisten Fällen fand ich mich noch zwei Stunden später vor einer lächerlichen Talkshow oder einem abstrusen Actionfilm wieder und mir dämmerte, dass diese zwei Stunden wohl nicht die glücklichsten meines Lebens gewesen waren.

Es gibt sehr viele verschiedene „Beam-mich-weg!"-Strategien. Nicht alle sind so leicht zu erkennen wie fernsehen und Alkohol trinken. Ich habe gerade diese Beispiele gewählt, weil sie so offensichtlich sind und unser kritischer Geist hier nicht einfach sagen kann: *„Aber das stimmt doch gar nicht!"* Bei vielen anderen Strategien wird er zunächst behaupten, das Verhalten habe mit „Beam mich weg!" nichts zu tun, doch leider stimmt das in vielen Fällen nicht. Hier einige weitere Beispiele:

Verhaltensebene:

- Viel arbeiten
- Viel oder ungesund essen
- Viel Sport
- Alleinsein meiden
- Kreuzworträtsel, Zeitung lesen, Bücher lesen
- Drogen oder beruhigende Medikamente nehmen
- Musik hören
- PC-Spiele, chatten usw.
- Reisen, ständig unterwegs sein
- Müde werden
- Rauchen, viel Kaffee trinken
- Sex
- Schlafen
- Putzen, aufräumen

Kognitive und emotionale Ebene:

- Über scheinbar wichtige Dinge nachdenken, die im Moment aber gar nicht von Bedeutung sind
- Übermäßige Beschäftigung mit körperlichen Missempfindungen
- Nachdenken und reden über Probleme anderer Leute
- Tagträumen
- Einen Streit anzetteln
- Probleme anderer lösen wollen

- Mich in eigene Schwierigkeiten hineinsteigern
- Starke Gefühle entwickeln und sich mit ihnen beschäftigen
- Mich über andere Menschen aufregen
- Viel reden
- Im Gespräch schnell das Thema wechseln

Fast jede Verhaltensweise und viele Körperempfindungen und Gedankenprozesse können eine „Beam-mich-weg!“-Strategie sein. Aber all diese Aktivitäten können viel Spaß machen – und das sollen sie auch weiterhin. Es geht überhaupt nicht darum, zukünftig keine Kreuzworträtsel mehr zu lösen oder den Fernseher abzuschaffen. Die entscheidende Frage ist nicht, *was* wir tun, sondern *wozu* wir es tun. Wenn wir eine Verhaltensweise nutzen, um uns vor unangenehmen Empfindungen zu schützen, dann entfliehen wir damit der Gegenwart und sind nur kurzfristig entlastet. Als Notlösung mag das ausreichen und manchmal sinnvoll sein, wenn wir es aber ständig praktizieren, schneiden wir uns damit nicht nur von unerwünschten Gefühlen ab, sondern vom Leben an sich.

Wer viel redet, weil er eigene Gefühle „wegreden“ möchte, der sollte ausprobieren, was passiert, wenn er einmal nichts sagt und die Stille erlebt. Wer ständig mit den Problemen anderer Leute beschäftigt ist, der sollte sich mal eine Pause davon gönnen und beobachten, welche Gedanken und Empfindungen dann in ihm aufsteigen. „Beam-mich-weg!“-Strategien lassen sich daran erkennen, was mit uns passiert, wenn wir auf unser übliches Verhalten verzichten. Wirst du „nervös“, wenn du im Bus nicht gleich das Buch aufschlägst und dich darin vertiefst? Versuchen dich deine Gedanken davon zu überzeugen, doch noch ein bisschen mehr zu essen, obwohl du schon längst satt bist? Wenn du innerlich unruhig wirst und den fast schon unausweichlichen Drang verspürst, dich so wie immer zu verhalten, dann weißt du, dass hier wieder einmal dein innerer Beschützer am Werk ist.

Jeder hat seine eigenen Strategien, um der Gegenwart zu entkommen. Wie versucht dein Geist, aus schwierigen Situationen zu flüchten oder sich vor unangenehmen Empfindungen zu drücken? Markiere auf der vorhergehenden Liste die „Top Drei“ deiner Ablenkungsstrategien.

Wenn wir aufhören, uns wegzubeamen, erfahren wir, vor welchen Empfindungen unser Geist uns die ganze Zeit schützen will. Da er gewöhnlich seinen Job sehr gut macht, bekommen wir im Alltag die hinter der Ablenkung verborgenen Empfindungen gar nicht mehr mit. Wir kommen ihnen erst auf die Schliche, indem wir „einfach“ auf das entsprechende Verhalten verzichten und beobachten, was dann mit uns passiert. Neulich hat eine Klientin diese ganz und gar nicht einfache Übung gemacht. Statt am Abend wie üblich durch die Fernsehprogramme zu zappen und irgendwo hängen zu bleiben, entschied sie sich, den Fernseher auszuschalten und ihre Empfindungen und Gefühle zu beobachten. Bevor sie die wahrnehmen konnte, musste sie sich allerdings erst noch mit ihrem Verstand auseinandersetzen, der sie davon überzeugen wollte, den Fernseher wieder einzuschalten: *„Was soll das, den Fernseher ausschalten? Dir geht's doch gut, wenn er läuft. Es kommt gleich eine so spannende Sendung.“* Doch sie ging nicht in den Autopilotenmodus, sondern ließ den Fernseher aus und beobachtete ihre Empfindungen. Womit sie schließlich konfrontiert war, war ein Gefühl innerer Unruhe und Anspannung. Sie fühlte sich leer und nahm nur ihre ununterbrochen fließenden Gedanken wahr. Sie hatte als Assistenzärztin in der Klinik einen Zehnstundentag hinter sich. Schon als sie am Morgen die Tür zur Station öffnete, waren Patienten auf sie zugekommen. So war es bis zum Abend gegangen, als sie fast schon fluchtartig die Station verließ, um endlich in den ersehnten Feierabend zu kommen. All die innere

Anspannung, die dieser Arbeitstag verursacht hatte, war nun in ihrem Körper für sie spürbar. Nicht gerade ein tolles Gefühl, aber zumindest ein wahres!

Denk dich weg!

Eine sehr verbreitete „Beam-mich-weg!"-Strategie unseres Geistes ist es, sich gedanklich mit etwas zu beschäftigen, das nichts oder kaum etwas mit der gegenwärtigen Situation zu tun hat. Ähnlich wie beim Fernsehen beamen wir uns also gedanklich weg, nur dass es dazu noch nicht einmal eines Fernsehers bedarf. Wir haben den Fernseher sozusagen in uns, nicht äußere Filme lenken uns ab, sondern unsere inneren Dialoge, Fantasiebilder und Gedankenketten. Genau dieses Prinzip habe ich in extremer Form schon in der Einleitung dieses Buches beschrieben, als ich am thailändischen Traumstrand lag und mein umherirrender Geist mich an den Schreibtisch in Deutschland zurückbeamte. Zunächst klingt das ja völlig paradox: Ich liege an einem der schönsten Orte der Welt und denke mich zurück an einen Ort, an dem ich ja gerade nicht sein möchte. So absurd das klingen mag, auch diese Strategie wenden wir wohl alle täglich viele Dutzend Male an. Wenn unser innerer Beschützer Missempfindungen oder unangenehme Gefühle erkennt, schaltet er sein inneres Gedankenkino an und entführt uns an einen anderen Ort oder stiftet uns an, uns mit einem anderen Thema zu beschäftigen.

Ich habe diese raffinierte Form der Ablenkung bei mir selbst beobachtet: Ich lag am Abend auf dem Sofa, las erst ein wenig die Zeitung und schloss dann die Augen. In mir kam eine Traurigkeit auf, von der ich gar nicht recht wusste, was sie zu bedeuten hatte. Vielleicht hatte sie mit einem kleinen Streit in der Nachbarschaft zu tun, vielleicht mit dem beginnenden Herbst, den ich an diesem Abend erstmals so richtig spürte. Jedenfalls fühlte ich mich einfach traurig. Ich lag weiter auf meinem Sofa und irgendwann bemerkte ich, dass meine Gedanken mich längst entführt hatten: Ich war gerade damit beschäftigt, meinen morgigen Tag zu planen: *„Morgen musst du früh raus, sonst wird es knapp mit dem Termin um 9 Uhr. Danach musst du ja gleich das Auto in die Werkstatt bringen und dann bist du ja mittags zum Essen verabredet.“* Mein Geist hatte wieder einmal einen „großartigen“ Job gemacht, jedenfalls war es ihm gelungen, mich von diesem Gefühl abzutrennen. Anders als sonst entschied ich mich an diesem Abend aber, mich nicht länger mit den Planungen des morgigen Tages zu beschäftigen, sondern mich noch einmal meinem Gefühl von Traurigkeit zuzuwenden: Wenn ich genau hinspürte, waren da immer noch das Empfinden von Enge im Hals und dieses Gefühl von Ungeborgenheit. Doch mein Geist gab noch nicht klein bei. Er versuchte noch mal, mich von dieser Empfindung wegzubringen und wieder gelang es ihm – diesmal beschäftigte er mich mit einem etwas größeren beruflichen Problem, von dem er wohl schon wusste, dass ich wahrscheinlich darauf anspringen würde: Ein Projekt, an dem ich arbeitete, und das schon in der Anfangsphase einige Probleme bereitete. *„Du musst unbedingt klären, wie das weitergeht. Am besten, du schreibst noch die eine Mail, die muss dringend weg.“* Diesmal bemerkte ich die Gedankenreise erst, als ich schon vor dem Computer saß und dabei war, die besagte Mail zu schreiben. Plötzlich wurde mir klar, dass diese Mail nun wirklich nicht abends um 22 Uhr geschrieben werden musste, selbst auf ein oder zwei Tage kam es eigentlich nicht an. Und wieder spürte ich in mich hinein. Erst war die Traurigkeit überdeckt, und dann nahm ich sie langsam wieder wahr. Natürlich war sie auch diesmal nicht weggegangen, sie war nur in den Hintergrund gedrängt worden.

Sauberer und schmutziger Schmerz

Eine moderne Therapiemethode, die sogenannte ACT-Therapie, hat sich sehr intensiv mit all unseren „Beam-mich-weg“-Strategien beschäftigt. Dort wird vom sogenannten „sauberen“ und vom „schmutzigen“ Schmerz gesprochen, wobei nicht in erster Linie körperliche Schmerzen gemeint sind, sondern vor allem seelisches Leiden. Sauber meint den ursprünglichen, den eigentlichen Schmerz, die Verletzung beispielsweise, die ich spüre, wenn mich jemand übergeht. Sauberer Schmerz, das sind unsere wirklichen Empfindungen, die wir aber in vielen Fällen nicht haben wollen oder von denen wir glauben, dass wir sie nicht aushalten. Was wir dann tun, verursacht oft schmutzigen Schmerz, unter dem wir dann in vielen Fällen noch mehr leiden als unter dem ursprünglichen Schmerz. Wenn ich mich beispielsweise oft allein fühle und am Abend zur Bierflasche greife, um dieses Gefühl nicht empfinden zu müssen, dann brauche ich nur ein paar Jahre zu warten, bis aus dem sauberen Schmerz, dem Gefühl des Alleinseins, ein schmutziger Schmerz geworden ist, nämlich eine Alkoholabhängigkeit. Die führt dann womöglich sogar dazu, dass ich noch weniger unter Menschen bin und mich noch einsamer fühle.

Wie wir es auch drehen und wenden: Wir entkommen dem Schmerz nicht, wir machen ihn im Gegenteil sogar noch größer, wenn wir versuchen ihm, zu entkommen. Jeder von uns kennt schmutzigen Schmerz, schmutziges Leid, das er selbst verursacht hat. Die eine geht fremd, weil sie sich eine lebendigere Beziehung wünscht, und bringt damit viel Leid über sich und ihren Partner. Der andere ist ständig unterwegs, weil ihn sonst immer wieder das Empfinden von Langeweile einholt. Doch er braucht immer mehr Ablenkungen und wird ruhelos und gestresst. Oder jemand arbeitet unentwegt, weil er sonst das Gefühl hat, wertlos zu sein, er vernachlässigt dabei aber seine Familie und schließlich reicht seine Partnerin die Scheidung ein. Daher wird in der ACT-Therapie die Metapher vom „Mann-in-der-Grube“ verwendet, der mit einer Schaufel versucht, aus der Grube zu kommen, doch je mehr er gräbt, umso tiefer wird die Grube.

Eigentlich gibt es nur einen Ausweg, nämlich die gegenwärtige Situation mit all ihren Empfindungen wahrzunehmen und anzunehmen. Diesem schwierigen Thema des Annehmens werden wir in diesem Buch daher gleich an mehreren Stellen begegnen. In der ACT-Therapie wird das Annehmen auch als Erlebnisbereitschaft bezeichnet: Ich bin bereit, das zu empfinden, was ich nun mal empfinde. Anders die sogenannte Erlebniskontrolle: Ich will kontrollieren und bestimmen, was ich empfinde, ich will nur schöne Gefühle – doch damit mache ich die Grube eben nur noch tiefer. Jede „Beam-mich-weg!"-Strategie macht letztlich alles nur noch schlimmer.

Den wahren Moment erleben

„Beam mich weg!" ist deshalb so raffiniert und auch so schädlich, weil wir uns vorübergehend wohler fühlen. Jedes Mal, wenn der Geist uns wegbeamt, werden wir augenblicklich dafür belohnt. Verhaltensweisen, für die wir belohnt werden, praktizieren wir ganz automatisch häufiger. Wir funktionieren da wie ein Hund, dem man mit kleinen Belohnungen beibringen kann, neben dem Herrchen zu laufen.

Diese Belohnung ist aber nur kurzfristig, längerfristig zahlen wir einen fast schon grausamen Preis: Wir schneiden uns nämlich von sämtlichen Wahrnehmungen ab, von unangenehmen wie angenehmen. Es gibt kein Licht ohne den Schatten. Wer den Schatten nicht will, entfernt sich auch vom Licht. Wer den Schmerz über den Tod eines geliebten Menschen wegdrängt, wird innerlich stumpf und kann sich nicht mehr am Blühen der Rosen freuen. Er nimmt das lebendige Pulsieren in seinem Körper nicht mehr wahr, denn er drängt nicht nur den Kloß im Hals weg, sondern mit ihm sämtliche Empfindungen.

Wenn wir mit dem „Beam mich weg!" aufhören, stellen wir fest, dass viele unserer unangenehmen Wahrnehmungen nach einer gewissen Zeit von alleine wieder vergehen. Doch diesen Wechsel von Empfindungen können wir gar nicht wahrnehmen, solange wir immer wieder versuchen, uns von ihnen abzulenken. Deshalb glauben wir, unsere Missempfindungen würden ewig anhalten, wenn wir ihnen nicht ein Ende setzen. Doch wenn wir mit unserem Ablenkungsspiel aufhören, stellen wir etwas Sonderbares fest: Die Empfindungen klingen von alleine ab, das Ungeheuer, vor dem wir davongelaufen sind, verliert mit der Zeit seinen Schrecken, und manchmal entpuppt es sich sogar als Papiertiger. Unsere Gefühle wollen erlebt werden: Wenn wir uns ihnen stellen, werden sie langsam schwächer und lösen sich mit der Zeit ganz auf. Wenden wir uns jedoch von ihnen ab, melden sie sich immer wieder zu Wort. Das ist in etwa so wie eine unangenehme Aufgabe, die ich noch zu erledigen habe, die Steuererklärung beispielsweise. Sie füllt sich nicht dadurch aus, dass ich sie unter dem großen Haufen auf meinem Schreibtisch verschwinden lasse. Ich muss mich ihr stellen mit allem Unangenehmen, was damit verbunden ist. Aber dann ist sie auch irgendwann fertig und ich kann erleichtert aufatmen.

Unser Geist kann das, was ich hier gerade schreibe zunächst, nicht begreifen. Es widerspricht seiner Art zu denken völlig. Seine Überzeugung ist: *„Ich muss doch meinen Job machen, das Gefühl darf nicht erlebt werden!"* Er wird daher vermutlich einige Einwände gegen den Vorschlag haben, die Gefühle zu erleben, damit sie langsam schwächer werden können: *„Was soll der Sinn davon sein? Dieses Gefühl war doch damals schon so schrecklich und heute ist es das immer noch."*

Von Ramana Maharshi, einem indischen Mystiker, stammt der simple Ausspruch „Sei still!" als Anleitung für ein zufriedeneres Leben und ein Erkennen der Wirklichkeit. Mit „Sei still!" meint er: Tue nichts, um das, was gerade ist, loszuwerden oder es nicht spüren zu müssen. Nimm einfach nur wahr. Wenn du bei dieser Wahrnehmung bleibst, wird sie sich verändern, und du wirst nicht länger Sklave deiner unerwünschten Empfindungen sein. So kannst du eintreten in das Reich der Gegenwart und kannst wirklich leben.

Erst wenn wir das Wegbeamen beenden, nehmen wir überhaupt den gegenwärtigen Moment wahr, mit allem, was er uns bietet. Wir können nur in die Gegenwart gelangen, wenn wir bereit sind, alles zu fühlen. Sobald wir das tun, wird unser Empfinden von Leid und von Freude intensiver. Wir werden wacher und lebendiger, wir spüren uns wieder. Wer sich wegbeamt, landet längerfristig im Reich von Leere, Langeweile und Sinnlosigkeit. Wenn wir uns wieder mehr spüren, verlieren sich diese Gefühle von ganz allein, denn sie sind nur Ausdruck unseres Abgeschnittenseins.

SELBSTERFORSCHUNG

Wahrnehmen, was ist

Diese Übung hilft uns, all unsere Empfindungen ausnahmslos wahrzunehmen, ohne sie wegzudrängen. Lass dir einen Moment Zeit, um deine gegenwärtigen Empfindungen wahrzunehmen, die angenehmen und auch die unangenehmen. Wie fühlt sich dein Körper an? Zwickt es irgendwo, hast du irgendwo Schmerzen? Welche Gedanken gehen dir durch den Kopf? In welcher Stimmung bist du? Nimmst du einen Impuls wahr, diesen Empfindungen zu entkommen?

Anerkennen, was ist

Mit dieser Übung ist es möglich, ein neues Verhalten auszuprobieren, um dem inneren Distanzierer langsam seine Kraft zu entziehen. Beobachte im Alltag aufmerksam dein Denken und nimm wahr, wenn dich deine Gedanken wieder wegbeamen möchten. Gib diesmal dem Ablenkungsversuch nicht nach, sondern beobachte, was stattdessen passiert. Welche Empfindungen kommen und wie lange bleiben sie? Wie versuchen dich deine Gedanken doch davon zu überzeugen, deinem alten Muster zu folgen?

3

Wie unser Geist funktioniert

Unser Geist hat seine ganz spezielle Art, die Wirklichkeit wahrzunehmen, er „tickt“ auf seine ganz eigenwillige Weise. Lange habe ich gedacht, meine Gedanken würden die Realität abbilden, so wie sie ist. Inzwischen weiß ich, dass ich die Realität *gar nicht* kenne. Meine Gedanken und Empfindungen sagen eher etwas über meine Denkweisen und meine Persönlichkeitsstruktur aus, als darüber, was außerhalb von mir tatsächlich ist. Die Dinge sind nicht so, wie sie uns zu sein scheinen. Lange hielt ich meinen Geist für hochintelligent, für die „Krönung der Schöpfung“. Im Philosophieunterricht hatte auch ich den Ausspruch des französischen Philosophen René Descartes gelernt: „Cogito ergo sum“, zu Deutsch: „Ich denke, also bin ich!“ Doch je genauer ich meinen Geist beobachten lernte, umso mehr musste ich mir eingestehen, dass er eher einem Biocomputer gleicht als dem Gipfel der Evolution.

In diesem Kapitel beschäftigen wir uns mit den Regeln, nach denen dieser Computer funktioniert und die darüber entscheiden, wie wir uns verhalten und wie wir uns selbst und unser Umfeld erleben.

Heimatfilme und Science-Fiction

> Es treffen sich zwei Freunde, die sich längere Zeit nicht mehr gesehen haben. „Ich hab einen neuen Job", sagt der eine. „Was machst du denn, ist der Job gut?", fragt der andere. „Es ist die reinste Hölle. Von morgens bis abends an einer schrecklich lauten Maschine stehen. Es stinkt fürchterlich und ist total stickig in der Halle. Mittags 10 Minuten Pause, sonst durcharbeiten. Der Vorarbeiter treibt einen die ganze Zeit an und die Kollegen sind unsympathisch. Mir geht's total beschissen." „Das klingt ja fürchterlich, seit wann machst du das denn schon?" „Ich fang morgen an!"

Jeder von uns kennt solche Situationen aus seinem Leben: Irgendetwas ist noch gar nicht geschehen und schon denkt unser Verstand unentwegt darüber nach: *„Wie geht es weiter mit der Wirtschaftskrise, verliere ich meine Stelle? ... Ob sie mich wohl auch sympathisch findet oder sogar auch in mich verliebt ist? ... Wie wird es im Urlaub sein, hoffentlich haben wir gutes Wetter."* Es vergeht keine Stunde, in der unser Geist sich nicht mit der Zukunft beschäftigt. Er liebt Science-Fiction-Filme! Was er mindestens ebenso liebt, ist die Vergangenheit, unsere „Heimatfilme" aus früheren Zeiten: *„Hättest du damals nur nicht ... Wärest du nicht ... Warum hast du nur ...?"* Oder auch: *„Damals ging es dir noch richtig gut, als du noch in dem schönen Haus gewohnt hast."* Manche von uns sind mehr mit der Vergangenheit beschäftigt, andere mehr mit der Zukunft. Gemeinsam ist uns aber, dass kaum jemand in der Gegenwart lebt.

Es gibt eine einfache Meditationsübung, die darin besteht, unsere Gedankenmaschine zu beobachten und alles, was sie produziert, in drei Fächer einzuordnen, nämlich in die Fächer „Vergangenheit", „Zukunft" und „Unsinn". Und tatsächlich passt der allergrößte Teil unserer Gedanken in eine dieser drei Schubladen. Es gibt Situationen, in denen wir diese Funktionsweise unseres Geistes besonders gut beobachten können, nämlich wenn wir auf etwas warten oder etwas tun, was uns nicht wirklich Spaß macht.

Probiere es aus! Du kannst den nächsten Stau nutzen oder das nächste Geschirrspülen, um zu beobachten, wie dein Geist darauf reagiert. Höchstwahrscheinlich wird er dich in die Vergangenheit oder in die Zukunft entführen. Du kannst die Übung auch gleich jetzt machen: Leg dieses Buch für ein paar Minuten beiseite und beobachte deinen Geist. Vielleicht wird er dich an etwas erinnern, das du gleich noch erledigen musst, oder er wird dir möglicherweise einen Heimatfilm von gestern Nachmittag vorspielen.

In spirituellen Büchern habe ich immer wieder einen Spruch gelesen, den ich lange nicht wirklich verstanden habe: Es gibt keine Vergangenheit, und es gibt keine Zukunft, es gibt nur die Gegenwart. Das klingt ja zunächst einmal seltsam, denn natürlich gibt es eine Vergangenheit, mit der ich mich beschäftigen kann und ebenso eine Zukunft. Der entscheidende Punkt ist: Vergangenheit und Zukunft existieren nur als Gedankenprozess. Ich kann darüber *nachdenken*, aber das ist auch schon alles, denn ich kann nicht dort *sein.* Ich kann nicht in der Vergangenheit oder in der Zukunft leben. Ich kann auch nicht in der Vergangenheit oder in der Zukunft etwas empfinden, ich kann mich nicht in der Vergangenheit oder Zukunft freuen oder traurig sein. Das Vergangene ist längst vorüber, das Zukünftige noch nicht geschehen. Zukunft und Vergangenheit existieren daher nur in unserem Kopf, es gibt sie nicht wirklich. Es gibt „nur" das Jetzt, das abgelöst wird durch ein nächstes Jetzt und durch ein übernächstes Jetzt. Mehr gibt es nicht.

Aber warum nur beschäftigen wir uns so unglaublich lange mit etwas, was gar nicht existiert? Unser umherschweifender Geist liebt es, an damals oder später zu denken, denn nur dann ist er überlebensfähig. Sobald wir wirklich im gegenwärtigen Moment sind, wird unser Geist still, er bekommt keine Nahrung mehr. Wir können nicht gleichzeitig die Gegenwart ganz bewusst wahrnehmen und dabei denken. Daher ist unser plappernder Geist sogar ein Feind der Gegenwart. „Cogito ergo sum", der vorhin schon erwähnte Ausspruch von René Descartes stimmt also nicht. Es gilt eher das Gegenteil, denn wenn ich denke, bin ich gerade nicht hier. Korrekt müsste er lauten: Ich denke, also verpasse ich gerade den gegenwärtigen Moment, in dem sich mein Leben ereignet. Oder, um es mit John Lennon zu sagen: „Leben ist das, was passiert, während du eifrig dabei bist, andere Pläne zu machen."

Lebe nicht, sondern sorge dich!

Eines der am häufigsten jemals auf der Welt verkauften Bücher trägt den Titel „Sorge dich nicht, lebe!" und stammt von Dale Carnegie. Dieser Titel, und der Verkaufserfolg, zeigen unsere Sehnsucht, uns endlich nicht mehr über alles und jedes Sorgen zu machen. Sich zu sorgen ist eine Lieblingsbeschäftigung unseres Geistes. Er denkt leidenschaftlich gern darüber nach, welche Probleme auftreten könnten und beschäftigt sich oft schon Jahre im Voraus damit, sie zu lösen. Die meisten dieser Probleme wird es nie geben, denn sie sind ja nichts als Vorstellungen über die Zukunft. Viele dieser Befürchtungen über die Zukunft enden im Grübeln, dem ewigen Wiederkäuen immer gleicher Gedanken, die zu nichts führen außer zu einer schlaflosen Nacht oder einem missmutigen Nachmittag.

Unser Geist kann sich jedoch dauerhaft nur dann sorgen, wenn wir ihm unsere Aufmerksamkeit geben und die Befürchtungen für berechtigt halten. Er sagt: *„Wenn morgen die Straßenbahn wieder Verspätung hat, kommst du bestimmt zu spät zur Arbeit und dann …"* Wir können darauf reagieren, indem wir antworten: *„Mensch, Köpfchen, du machst dir wieder Sorgen, aber das ist unberechtigt, und ich brauche mich jetzt nicht damit zu beschäftigen."* Die meisten Menschen reagieren aber etwa so: *„Meinst du wirklich, ja das könnte sein. Ich gebe dir meine Aufmerksamkeit, damit* *du dich mit diesem Problem beschäftigen kannst.*“ Und schon denken wir darüber nach, was wir machen sollten, was wir machen könnten …

Sobald wir jedoch erkennen, dass die Sorgenmaschine wieder am Werk ist, können wir diese beobachten und ihr damit ihre Macht entziehen. Wenn wir um unsere Lieblingssorgen wissen, können wir sie leichter wiedererkennen und dann auch stoppen. Andernfalls sind wir ihnen ausgeliefert, und zwar nicht nur den Gedanken, sondern auch den Empfindungen, die unsere Gedanken auf der Gefühlsebene und in unserem Körper verursachen.

Welcher Sorgentyp sind Sie also? Manche Menschen sorgen sich um mehr oder weniger konkrete Katastrophen, die bald eintreten könnten: *„Was wäre, wenn der Schlauch der Waschmaschine undicht wäre und die ganze Wohnung unter Wasser stehen würde?“* Andere sorgen sich um ihre Gesundheit und ihren Körper oder die Gesundheit ihrer Liebsten: *„Was wäre, wenn mein Sohn krank würde? Diese dunkle Stelle auf der Wange, was die wohl zu bedeuten hat?“* Wieder andere sorgen sich um ihre finanzielle Situation: *„Und im Alter, wovon willst du dann eigentlich leben?“* Das sind natürlich nur Beispiele, unser Geist ist erfinderisch, ihm fallen Hunderte von Sorgenthemen ein. Lass dir einen Moment Zeit, um deine Lieblingssorgen herauszufinden. Vielleicht notierst du sogar deine drei Lieblingssorgen.

Gefüttert werden unsere Denkprozesse letztlich von tiefen Ängsten, die in uns allen schlummern. In gewisser Weise sind Sorgen eine „Beam-mich-weg!“-Strategie. Denn statt unsere eigentlichen Ängste zu spüren, macht unser Geist uns glauben, es ginge wirklich um den Streit mit dem Nachbarn, oder darum, wie hoch die Telefonrechnung im nächsten Monat ausfällt. Doch hinter diesen oberflächlichen Befürchtungen verbergen sich tiefere Ängste, allen voran die Angst vor dem Tod, aber auch Ängste davor, nicht geliebt zu werden oder zu versagen. Meinen Klienten erzähle ich manchmal, dass unser Geist vergleichbar ist mit einem Tiger, der hinter einem Busch liegt und auf Beute wartet. Je nachdem, wer da gerade vorbei kommt, der Tiger stürzt sich auf alles, was ihm über den Weg läuft. In der Sorgenproduktion ist unser ruheloser Geist unglaublich kreativ. Wie vom Fließband kommen uns „Standardsorgen" in den Sinn, aber auch ganz originelle „Einzelstücke".

Sind Lottogewinner die glücklicheren Menschen?

> Wonach du sehnlichst ausgeschaut,
> es wurde dir beschieden.
> Du triumphierst und jubelst laut:
> Jetzt hab ich endlich Frieden!
> Ach, Freundchen, rede nicht zu wild,
> bezähme deine Zunge.
> Ein jeder Wunsch, wenn er erfüllt,
> kriegt augenblicklich Junge.
>
> Wilhelm Busch

Unser Geist ist auch deshalb so viel mit der Zukunft beschäftigt, weil er sich den ganzen lieben Tag um unser Glück und unsere Zufriedenheit kümmert. Da er aber mit der Gegenwart nichts anfangen kann, will er uns weismachen, unser Glück liege in der Zukunft. Bei mir fing das schon in der Kindheit an: *„Wenn ich nur endlich diese tolle Carrera-Bahn hätte, dann würde es mir so richtig gut gehen!"* Als dann endlich Weihnachten war und ich die Carrera-Bahn bekam, ereignete sich etwas, das mir in meinem Leben noch oft passiert ist: Erst machte es einen unbeschreiblichen Spaß, mit dem neuen Geschenk zu spielen. Ich war tatsächlich glücklich. Doch nach nur wenigen Stunden ließ das Glück seltsamerweise langsam nach und ein paar Tage später spielte ich wieder viel lieber mit meinen alten Indianerfiguren. Die Carrera-Bahn hatte mich doch nicht dauerhaft glücklich gemacht, obwohl ich mich so auf sie gefreut hatte. Dieses Phänomen lässt sich nicht nur bei Kindern beobachten, sondern bei Erwachsenen ganz genau so: *„Wenn wir in die Ferien fahren, … Wenn ich im Lotto gewinne, … Wenn endlich Freitag ist und ich das Wochenende freihabe, …“* Die Inhalte sind fast beliebig austauschbar. Das, was uns angeblich Glück beschert, ändert sich übrigens im Verlauf des Lebens und auch von Generation zu Generation. Vor 30 Jahren träumten junge Leute vielleicht von einem neuen VW-Golf oder einem Trabi, heute erwarten sie das Glück vielleicht, wenn sie eine Castingshow gewinnen und für einen Tag im Rampenlicht stehen.

Lass dir einen Moment Zeit und vervollständige die beiden folgenden Sätze:

Früher habe ich immer geglaubt, ich wäre glücklicher, wenn ich

.... hätte/wäre.

Heute glaube ich, ich wäre glücklicher, wenn ich

.... hätte/wäre.

Weil unser Geist glaubt, unser Glück liege in der Zukunft und hänge von der äußeren Situation ab, strengt er sich ganz schön an, die äußere Situation zu verändern. Das betrifft zum einen unsere aktuelle Lebenssituation: *„Wenn du einen anderen Job hättest, würde es dir besser gehen. Wenn du ein Kind hättest, wärest du* *ein glücklicherer Mensch.*" Aber auch bei den vielen Kleinigkeiten des Alltags redet unser Geist ständig auf uns ein: *„Jetzt brauche ich unbedingt einen Cappuccino. ... Wenn jetzt die Sonne scheinen würde ...*" Aber wenn dann die Sonne scheint, habe ich die Sonnenbrille vergessen und der Gedanke blitzt auf: *„Wenn ich eine Sonnenbrille hätte, wäre alles gut.*" So laufen wir unser ganzes Leben dem Glück hinterher. Ganz genau so wie ich damals auf Koh Samui. Doch damals an diesem Strand konnte ich mir nicht länger vormachen, dass ich durch irgendwelche äußeren Dinge wie etwa eine Hängematte unter Palmen glücklich werden würde. Wenn ich selbst im Paradies nicht glücklich war, dann hatten Glück und Zufriedenheit offensichtlich mehr mit meinem inneren Befinden zu tun als mit Palmen, Geld, den richtigen Freunden oder dem tollen Job. Wir sind nicht dann glücklich, wenn wir in einem großen Haus sitzen, irgendwo unseren Traumurlaub verbringen, sondern wenn wir in Frieden mit uns selbst sind, wenn wir den Augenblick annehmen können, wie er ist, und wenn wir es wieder lernen, uns zu freuen wie ein kleines Kind.

Das Verrückte bei der Geschichte ist: Weil wir unser Glück im Später suchen, verpassen wir es. Wir setzen sehr viel unserer Energie dafür ein, die Zukunft zu gestalten, anstatt die Gegenwart zu spüren. Ein Onkel von mir opferte als Geschäftsmann seine gesamte Freizeit für seine Firma. Beinahe wäre seine Familie daran zerbrochen, dass er nichts anderes kannte, als zu arbeiten. Er bekam Bluthochdruck, wurde unzufrieden und getrieben. Immer wieder erzählte er aber: „Wenn ich erst mal 65 bin und in Rente gehe, mache ich Weltreisen und genieße mein Leben in einem Ferienhaus am Lago Maggiore." Inzwischen ist er 69. Er hat „natürlich" keine Weltreise unternommen, und er lässt es sich auch nicht in einem Ferienhaus gut gehen, sondern er geht weiterhin jeden Tag in seine Firma. Was ich hier beschreibe, ist der „ganz normale Wahnsinn", an den die allermeisten Menschen in der westlichen Welt glauben. Wir nehmen fast alle die Einflüsterungen unseres Geistes für bare Münze und glauben wirklich, dass Glück allein in der Zukunft zu erreichen ist. Wir geben diese Überzeugung auch dann nicht auf, wenn wir schon viele Male erfahren haben, dass wir doch nicht glücklicher geworden sind, nachdem wir ein bestimmtes Ziel erreicht hatten.

„Ich will mehr, ich will mehr!" ist ein weiteres Prinzip unseres Geistes. Da das, woran wir unser Glück gehängt haben, uns ja wider Erwarten doch nicht glücklich gemacht hat, ist die Schlussfolgerung: *„Ich brauche mehr davon, dann werde ich glücklich sein."* Mein Haus ist zu klein (denn der Freund hat ein größeres gebaut), mein Handy ist nicht das neueste Modell und statt Polo sollte es endlich ein BMW sein …

Und noch ein weiterer Grundsatz unseres Geistes, der sich oft wie ein gieriges kleines Kind benimmt: *„Ich will das, was die anderen haben."* Wenn wir Kinder beim Spielen beobachten, stellen wir fest, dass sie immer genau das haben möchten, wofür die anderen sich gerade begeistern. Sobald ein Kind Freude an einem Spielzeug hat, wollen die anderen genau dasselbe. Genau so funktioniert auch unser Geist: *„Das, was mich glücklich machen könnte, ist das, was ich gerade nicht habe. Und die anderen sind bestimmt viel glücklicher als ich, also brauche ich, was die anderen besitzen."*

Übrigens sind Lottogewinner nicht die glücklicheren Menschen! Studien haben gezeigt: Materieller Wohlstand und Zufriedenheit hängen nur bedingt zusammen. Wer in bitterer Armut lebt, der wird tatsächlich glücklicher, wenn er eine kleine Erbschaft macht. Wer aber schon viel hat, der wird durch weiteren materiellen Wohlstand nicht zufriedener. Das zeigt sich auch konkret beim Einkommen: Der Schweizer Ökonom Bruno Frey stellt fest: „Menschen mit höherem Einkommen weisen im Durchschnitt eine höhere Lebenszufriedenheit auf als Menschen mit niedrigerem Einkommen. Ist allerdings ein mittleres Einkommen erreicht, steigert eine Gehaltserhöhung das Lebensglück kaum noch."[1]

Die glücklichsten Menschen sollen nach einer aktuellen Studie übrigens auf Vanuatu leben, einer kleinen eher ärmlichen Inselgruppe im Südpazifik. Im Ländervergleich brachten es die Deutschen in der weltweiten Zufriedenheitsliste nur auf Rang 81, die Schweizer kamen auf Rang 65.

---

1 Zitiert aus: Süddeutsche Zeitung, 24.03.2010, S. 26

Schuld ist immer das Wetter (oder die Ehefrau)

„Mir geht's heut gar nicht gut", erzählte mir neulich eine Freundin am Telefon. „Immer dieser Bodenseeenebel, ich bin schon richtig depressiv. In der Zeitung hab ich auch gelesen, dass das Wetter depressiv macht." Jemand anderes meinte vor Kurzem: „Ich hab drei Einladungen zu Silvester bekommen, da ging es mir einen Tag lang richtig gut." Und eine Nachbarin erzählte mir: „Meine Tochter hat eine 6 in Mathe gekriegt, jetzt bin ich richtig fix und fertig."

In all diesen Beispielen werden zwei typische Wahrnehmungs- und Denkweisen unseres Geistes deutlich: Einmal denkt er in Ursache-Wirkung-Zusammenhängen, und er fühlt sich oft als Opfer und erlebt die anderen oder äußere Umstände als „Täter". Wenn ich mich beispielsweise heute nicht wohlfühle, wird mein Geist sofort aktiv und sucht eine Erklärung dafür. Irgendeinen Grund muss es ja schließlich geben, dass es mir heute nicht gut geht. Je nach unserer Persönlichkeit kann es dann ganz unterschiedliche Erklärungen geben: *„Mir geht es heute nicht gut, weil die Sonne schon wieder nicht scheint. Mir geht es heute nicht gut, weil meine Frau mich einfach nicht versteht. Mir geht es heute nicht gut, weil ich schon wieder keine Zeit für mich habe und mich nur um die Kinder kümmern muss."*

Dieses Blame-Game, dieses Beschuldigungsspiel, gehört zu jenen Funktionsweisen des Geistes, die besonders schwer zu durchschauen sind. Für gewöhnlich glauben wir, unsere Gefühle und Empfindungen würden durch äußere Ereignisse oder Personen verursacht. Wir nehmen an, dass wir keine unangenehmen Empfindungen hätten, wenn es in unserer äußeren Welt keine unangenehmen Ereignisse und Begegnungen gäbe. Umgekehrt glauben wir auch, wir brauchten nur genug angenehme Ereignisse und Umstände, damit es uns immer gut geht.

In Wirklichkeit sind unsere Empfindungen und Gefühle jedoch schon in uns, sie entstehen durch unsere Neigungen und Tendenzen und werden durch äußere Ereignisse nur ausgelöst. Oft bedarf es noch nicht einmal einer Veränderung im Außen, um latent vorhandene Empfindungen in uns zu aktivieren.

Neulich erzählte mir ein Klient von einem Streit mit seiner Frau. Eigentlich wollte er mit ihr zum Langlauf gehen, doch statt Neuschnee und Sonnenschein war Dauerregen angesagt. In ihm machte sich Enttäuschung breit und ein Empfinden von „Was fange ich jetzt mit dem freien Wochenende an?“ Doch statt diese ungeliebten Empfindungen zu fühlen, dauerte es nicht lange und ein falscher Satz seiner Frau reichte aus für einen handfesten Streit. Offensichtlich hielt es sein kleiner Ego-Geist nicht gut aus mit der Vorstellung, doch nicht zum Langlaufen zu gehen, und suchte einen Schuldigen für dieses Gefühl.

Mit vielen Gefühlen und Empfindungen sind wir bereits auf die Welt gekommen, sie gehören sozusagen zu unserer Grundausstattung. Dazu gehören beispielsweise Gefühle wie Angst, Wut, Traurigkeit, Freude, Scham oder Verzweiflung. Sie sind in uns angelegt und haben wichtige Funktionen für unser Überleben, zumeist schützen sie uns vor Gefahren. Wir machen dann im Laufe unseres Lebens bestimmte Erfahrungen, die einzelne dieser Gefühle stärker und andere schwächer werden lassen. Wenn unsere Eltern sehr ängstlich waren, geraten wir wahrscheinlich schneller in Angstgefühle als andere Menschen. Wenn unsere Eltern oft aggressiv miteinander umgegangen sind, werden wir möglicherweise auch schneller in Wut geraten oder wir werden im Gegenteil alles tun, um nicht selber so wütend zu werden, wie wir es bei unseren Eltern noch nie leiden konnten.

All diese Empfindungen und Gefühle können durch verschiedene innere und äußere Ereignisse ausgelöst werden. So können bestimmte Körperempfindungen, wie etwa Schmerzen oder Anspannung, Gefühle auslösen, ebenso andere innere Reize wie Gedanken, Träume, aber auch hormonelle Veränderungen, Müdigkeit, Hunger usw. Aber sie werden eben nur aufgeweckt, berührt, aktiviert und nicht verursacht. Wir können daher eigentlich niemanden beschuldigen, für unsere Empfindungen verantwortlich zu sein. Doch genau das tun wir tagtäglich: Wir glauben, der andere sei Ursache unseres Befindens, dabei erweckt das äußere Ereignis nur ein inneres Gefühl.

Stell dir vor, jemand macht am Arbeitsplatz einen größeren Fehler und wird von seinem Chef und seinen Kollegen dafür kritisiert. Je nach Person reagieren wir nun vollkommen unterschiedlich auf eine solche Situation: Der eine macht sich Vorwürfe und fühlt sich als Versager. Er wird womöglich nachts wach liegen und sich überlegen, wie er solche Fehler in Zukunft vermeiden könnte. Jemand anderes wird ärgerlich und wirft im Gegenzug seinem Kollegen dessen Fehler vor. Es entfacht sich ein größerer Streit darüber, wer die schlechtere Arbeit macht. Wieder jemand anderes bekommt Angst, dass ihm gekündigt werden könnte. Verschiedene Menschen reagieren ganz unterschiedlich auf die gleiche Situation. Es hat also nicht die Situation in mir ein Gefühl bewirkt, sondern das Gefühl hat schon in mir ‚geschlummert' und wird nun wieder erweckt.

Auch die Gefühle, die andere Menschen uns entgegenbringen, haben mehr mit ihnen zu tun als mit uns. Sie sagen mehr über den Absender aus als über den Empfänger. Ein amerikanischer Zenlehrer formuliert das so: „Wenn jemand sagt ‚Ich liebe dich' und du dann das Gefühl hast: ‚Oh, ich bin anscheinend doch etwas wert', ist das eine Illusion. Es ist nicht wahr. Oder jemand sagt: ‚Ich hasse dich', und du denkst ‚Oh Gott, ich wusste ja, dass ich nichts wert bin', was ebenfalls unwahr ist. Keiner dieser Gedanken besitzt eine innere Realität. Der eine wie der andere ist nur eine leere Hülle. Wenn einer sagt: ‚Ich liebe dich', sagt er damit etwas über sich, nicht über dich. Wenn einer sagt: ‚Ich hasse dich', sagt sie damit etwas über sich, nicht über dich."[2]

Weil wir glauben, unser Befinden sei Folge äußerer Ereignisse, investieren wir unglaublich viel Energie, um unsere Umgebung zu verändern. Endlich den richtigen Partner finden, der mich wirklich versteht. Endlich einen Job, an dem meine Fähigkeiten geschätzt werden. Endlich die perfekte Wellness-Oase, wo ich mich wirklich entspannen kann. Nach der fünften Partnerschaft, in der ich mich nicht wirklich angenommen gefühlt habe, ahne ich dann langsam, dass es etwas mit mir selbst zu tun haben könnte. Es ist

---

2 Adyashanti, *Tanzende Leere.* Verlag Goldmann Arkana, München 2008

fast egal, wie wir unsere Umgebung gestalten, die inneren Empfindungen bleiben. Auch der Superstar behält das Gefühl, unbeliebt zu sein, wenn dies seiner inneren Verfassung entspricht.

Dabei brauchen wir das Glück gar nicht im Außen zu suchen oder zu erschaffen, denn es wartet in uns. Nicht nur unangenehme Empfindungen wie etwa Ärger, Neid usw. sind in unserem Inneren, sondern auch alle positiven Empfindungen wie Freude, Frieden oder Gelassenheit. Wir brauchen nicht mit äußeren Situationen zu kämpfen, in der Hoffnung, Freude, Wohlbefinden oder Glück zu finden. Diese Gefühle sind bereits da, sie sind lediglich verdeckt und können von uns wieder ent-deckt werden.

Eine Klientin erzählte mir neulich: „Mir ist etwas Seltsames passiert: Ich bin mit meinem Fahrrad durch den Wald gefahren und plötzlich war ich so glücklich. All meine Sorgen und Ängste waren verflogen, mein Ärger auf meinen Freund war weg und ich hatte keine Angst mehr vor morgen." – Ihre äußere Lebenssituation hatte sich überhaupt nicht verändert. Aber sie hatte, vielleicht durch die Natur und die körperliche Betätigung, einen Zugang zu ihren eigenen positiven Qualitäten von Vertrauen, Annahme und Freude gefunden. Und plötzlich sah die Welt ganz anders aus …

Die Eltern immer im Rucksack dabei

Die meisten unserer Gedanken sind letztlich nicht unsere eigenen, sondern sie stammen von anderen Menschen. Als kleine Kinder saugen wir alles auf, was wir von unseren Eltern und anderen wichtigen Bezugspersonen vermittelt bekommen. Die Welt ist so komplex, und wir sind so klein und verstehen sie nicht. Unsere Eltern sind die wichtigsten Menschen für uns, denn sie sichern unser Überleben. Das kleine Kind hat wirklich das Empfinden: Ohne meine Eltern sterbe ich. Ich habe nur eine Möglichkeit zu überleben, nämlich ihnen komplett zu vertrauen. Bis zu einem bestimmten Alter halten wir unsere Eltern für allmächtig und allwissend und können uns nicht vorstellen, dass sie sich irren könnten. Was sie sagen, ist unantastbare Wahrheit. Unsere Eltern erzählen uns vom Nikolaus und vom Christkind, und wir glauben ihnen selbstverständlich.

Ganz langsam entwickeln wir später unseren eigenen Standpunkt, unsere eigene Art, die Welt und uns zu sehen. Irgendwann bemerken wir, dass der Nikolaus immer dieselben Schuhe wie Onkel Thomas trägt und plötzlich fällt es uns wie Schuppen von den Augen. Wir hinterfragen Dinge, distanzieren uns von bestimmten Meinungen unserer Eltern und machen so manches vielleicht ganz anders, als wir es von ihnen gelernt haben. So glauben wir, wir hätten jetzt unsere eigene Sicht entwickelt, ganz individuell und einzigartig, eben unser ganz persönliches „Ich". Doch in Wirklichkeit gibt es dieses eigenständige Ich gar nicht. Unser Denken ist im Großen und Ganzen nichts anderes als eine Sammlung von Gedanken, die wir irgendwann von irgendjemandem gehört und übernommen haben. Selbst viele unserer Gedanken, die so ganz anders erscheinen als die unserer Eltern und anderer Bezugspersonen, sind letztlich doch wieder nur eine Reaktion auf ihre Botschaften. Wir haben sie einfach ins Gegenteil verkehrt und haben jetzt genau die gegenteiligen Überzeugungen.

Beruhigt oder beunruhigt dich diese Vorstellung? Es kann entspannend sein, zu verstehen, dass die meisten der unnützen Gedanken, die uns quälen, gar nicht unsere eigenen sind. Es kann uns aber auch verwirren, weil die Frage auftaucht: „Wer bin dann eigentlich ich?"

In der Psychotherapie wird oft herausgearbeitet, von wem wir unsere Gedanken übernommen haben. Das ist hilfreich, um sich von ihnen distanzieren zu können. Eine meiner Klientinnen hatte oft sehr negative Gedanken über sich selbst: *„Du kriegst eh nichts auf die Reihe. Aus dir wird nie was werden. Du brauchst es gar nicht erst zu probieren. Die anderen sind eh viel besser als du."* Bis sie mit 34 Jahren ihre Therapie begann, identifizierte sie sich mit diesen Gedanken. Die Selbstverurteilung ging so weit, dass sie sich auch noch für diese Gedanken verurteilte: *„Wie kann man nur so blöd sein, ständig so blödes Zeug über sich zu denken. Du bist ja selbst* *schuld, wenn aus dir nichts wird!*" Eigentlich war es ganz einfach, herauszufinden, von wem diese Ideen stammten – es waren die ihres Vaters. Er hatte ihr genau diese Sätze oft gesagt und sie ständig mit ihrer älteren Schwester verglichen, die Papas Lieblingskind war.

Was wir von unseren Eltern oder anderen wichtigen Bezugspersonen übernommen haben, integrieren wir also in unsere eigene Gedankenwelt. Dabei vergessen wir aber, von wem wir diese Gedanken übernommen haben und halten sie für unser Selbst. Wenn wir verstehen, woher die Gedanken kommen, kann das schon einen inneren Abstand schaffen.

Haltbarkeitsdatum längst abgelaufen

Woher bezieht unser Geist seine Überzeugungen und sein Wissen? Die Antwort auf diese Frage ist einfach und eindeutig: aus der Vergangenheit. Alles, was er heute weiß, hat er irgendwann einmal gelernt. Er hat keine andere Quelle, auf die er zurückgreifen kann. Unsere wichtigsten Lernerfahrungen machen wir in unseren ersten Lebensjahren. Was wir in dieser Zeit lernen, merken wir uns besonders gut, vieles sogar lebenslang. Wenn man uns schon als Kindergarten- oder Grundschulkind gesagt hat, wir seien „launisch" oder „verträumt" oder „langsam", haben wir dieses Selbstbild oft als 80-Jährige immer noch. Das Haltbarkeitsdatum dieser Kommentare ist vielleicht schon vor 40 Jahren abgelaufen, und doch glaubt unser Geist immer noch, dass sie stimmen. Wie absurd ist dieses Lerngesetz?! Unser ruheloser Geist kennt keinen Mechanismus, der das bisher angesammelte Wissen in bestimmten Abständen auf seine Richtigkeit hin überprüfen und unnützes Wissen wieder entfernen würde: *„Stimmt es noch, dass ich verträumt bin, so wie ich es als Kind vielleicht einmal war? Nein, ich kenne dieses Verhalten schon seit einigen Jahren nicht mehr an mir.*

Also lösche ich dieses Konzept aus meinem Speicher." Die Absurdität geht sogar noch einen Schritt weiter: Selbst wenn ich öfter die Erfahrung mache, dass ich nicht „verträumt" bin und ich das auch von anderen Menschen bestätigt bekomme, halte ich doch oft an meinen alten Überzeugungen fest. Wir sind da im wahrsten Sinne des Wortes konservativ: Das Alte ist wahrer und vertrauenswürdiger als das Neue. Es braucht viele Gegenbeweise, bis der Geist vielleicht irgendwann einmal bereit ist, einzulenken: „*Vielleicht ist an meinem alten Wissen doch nicht soviel dran.*"

Unser Geist beherzigt noch ein weiteres Prinzip, das sein altes Denken bestätigt. Dieses Prinzip lautet etwa folgendermaßen: „*Ich sammle alle Informationen, die für meine alte Überzeugung sprechen, und die merke ich mir besonders gut. Und alles, was dagegen spricht, vergesse ich sofort wieder.*" Psychologen sprechen von „selektiver Wahrnehmung": Wir nehmen nur das wahr, was uns schon vertraut ist, alles andere registrieren wir nicht einmal. Das erleben wir beispielsweise, wenn wir einem Ortsfremden unsere Stadt oder unser Dorf zeigen. Unser Gast sieht Dinge, die uns noch nie aufgefallen sind. Wie kann das sein, schließlich sind wir doch diejenigen, die den Ort eigentlich in- und auswendig kennen müssten?

All diese Lerngesetze führen zu teils absurden Überzeugungen: Einer der erfolgreichsten Manager der Welt ist der Überzeugung, dass er eigentlich zu gar nichts in der Lage ist und morgen sein ganzes Imperium zusammenbrechen wird. Oder eine sehr hübsche Frau hält sich für vollkommen unattraktiv, nur weil ihr als Kind immer wieder gesagt wurde, ihre Schwester sei schöner als sie.

Wie schnell unser Geist unflexibler wird und seine Wahrnehmung auf das ihm Vertraute ausrichtet, kannst du an einem einfachen Experiment erfahren. Bitte lies die folgenden vier Worte nacheinander laut vor:

Morgenstern
Abendstern
Polarstern
Zwergelstern

Hast du auch Zwergel-Stern gelesen statt Zwerg-Elstern? Unser Denkapparat sucht unablässig nach ihm vertrauten Mustern und genau die sieht er dann auch in der Realität, ganz gleich, was für ein seltsamer Stern ein solcher Zwergelstern sein soll.

Neulich meinte eine Klientin zu mir: „Mein Geist ist wie eine Jukebox. Da gibt es 50 veraltete Lieder und je nachdem, welcher Knopf gedrückt wird, wird eines abgespielt.“ Und tatsächlich wiederholen wir immer wieder die immer gleichen Schallplatten. Irgendwann wurde die Jukebox mit 50 Liedern gefüttert. 30 Jahre später sind kaum neue dazugekommen, und die alten werden immer noch und immer wieder gespielt.

Und noch einen letzten „Trick“ wendet unser Geist an, um bei seiner Sicht der Dinge bleiben zu können: Wenn die Wirklichkeit nicht zu dem passt, was er über sie denkt, ändert er sie einfach. Jemand, der sich für unbeliebt hält, schafft es, sich so zu verhalten, dass die anderen ihn tatsächlich nicht mögen. Auch der von Eifersucht zernagten jungen Frau ging es ähnlich: Ihr Misstrauen führte dazu, dass es niemand bei ihr lange aushielt und sie tatsächlich verlassen wurde. Sigmund Freud hat diesen Mechanismus als „Wiederholungszwang“ bezeichnet. Wir wiederholen, was wir kennen, und zwar nicht, weil es besonders angenehm für uns wäre, sondern weil es uns vertraut ist, weil unser inneres Steuersystem alles andere einfach nicht denken und zulassen kann.

Die selbst erschaffene Wirklichkeit

Wir erschaffen unsere Wirklichkeit nach unserer eigenen Vorstellung. Wir haben eine fixe Idee davon, wie die Welt ausschaut, und dann beginnen wir alles dafür zu tun, dass sie genau so gestaltet ist, wie wir sie uns ausmalen. Anschließend vergessen wir aber sofort, dass wir sie selbst erschaffen haben, und halten uns für ein Opfer der äußeren Umstände.

> Eine Frau hat einen schrecklichen Albtraum. Sie träumt von einem fürchterlichen Monster, das hinter ihr her ist. Als sie dem Monster gegenübersteht, schreit sie verzweifelt: „Was soll ich nur machen?“ Da antwortet das Monster: „Das weiß ich doch nicht, du hast mich ja schließlich erfunden.“

Die Welt, wie wir sie wahrnehmen und wie sie sich uns darbietet, hat wenig mit der tatsächlichen Realität zu tun. Wir träumen am helllichten Tag, manchmal auch Albträume. Du kannst das ganz einfach überprüfen: Du brauchst nur durch eine Fußgängerzone zu gehen – und zwar zunächst mit einem griesgrämigen, verschlossenen Blick und anschließend mit einem freundlichen, offenen Blick. Was passieren wird, ist Folgendes: Zunächst begegnen dir mehrheitlich Menschen, die dich keines Blickes würdigen oder sogar ablehnend schauen, später begegnen dir vor allem offene Menschen, manche lächeln dich sogar an.

Ein wichtiger Schritt in der psychotherapeutischen Arbeit besteht darin, Teufelskreise, die wir selbst geschaffen haben, und sich selbst erfüllende Prophezeiungen zu durchschauen und sie zu verändern. Genau diese Teufelskreise führen dazu, dass unsere Welt so gestaltet ist, wie wir sie uns erschaffen. Jemand hat beispielsweise große Angst davor, allein zu sein und von anderen abgelehnt zu werden. Aus Angst vor Ablehnung traut er sich nicht, auf andere zuzugehen und das hat natürlich wiederum zur Folge, dass er allein bleibt. Vielleicht denken die anderen sogar, er möchte mit ihnen nichts zu tun haben, warum sonst sollte er sich zurückziehen und sich immer so distanziert verhalten? Unser Geist durchschaut diese Dynamik nicht. In seiner Wahrnehmung stellt sich die Situation anders da: *„Die anderen wollen ja ganz offensichtlich mit mir nichts zu tun haben, sonst würden sie ja auf mich zugehen.“* Bei anderen Menschen nehmen wir solche Teufelskreise eher wahr, für unsere eigenen sind wir meistens blind.

Unsere innere Welt spiegelt sich im Außen. So wie es sich in uns anfühlt, so ist es auch im Außen. Ein typisches Beispiel dafür ist unser oft stressiger Alltag. Eine sehr hektisch wirkende Bekannte erzählt mir schon seit Jahren regelmäßig, wie viel Stress sie wieder habe, was sie alles noch erledigen müsse und dass der Stress aus irgendeinem unerfindlichen Grund einfach nicht weniger werde. „Wenn ich denke, ‚Jetzt kann ich endlich mal durchatmen', kommt gleich wieder das Nächste", sagt sie dann. Sie hat schon Kurse für Zeitmanagement besucht, aber hinterher hatte sie auch nicht mehr Zeit als vorher. Ihr ruheloser Geist erschafft sich eine Außenwelt, die zu seiner Innenwelt passt. Ruhe und Entspannung würde er gar nicht aushalten. Aber das kann er nicht zugeben, sondern seine Sicht der Dinge lautet: *„Ich wünsche mir so sehr Entspannung, ich würde alles dafür tun, aber ich kann es mir einfach nicht erlauben bei all dem, was ich noch erledigen muss."* Daher gibt es keine Chance auf Veränderung, solange wir mit unserer Gedankenwelt identifiziert sind. Unser Geist ist nicht in der Lage, diesen raffinierten Selbstbetrug zu durchschauen, obwohl er ihn ja selbst geschaffen hat.

Der Nein-Sager

> Jesus sitzt gemeinsam mit zwei Filmkritikern in einem Segelboot. Plötzlich bricht ein heftiger Sturm los, das Boot wankt und der Regen peitscht den Dreien ins Gesicht. Irgendwann sagt Jesus: „Mir reicht's hier, ich geh an Land." Er steigt aus dem Boot aus und geht über das Wasser an Land. Sagt der eine Kritiker zum anderen: „Dieser Typ kann nicht mal segeln." Und der andere antwortet: „Und schwimmen kann er auch nicht!"

Unser Geist ist ein ewiger Nein-Sager. Er kann das, was ist, nicht annehmen, sondern will es anders haben. Hinter jeder „Beam-mich-weg!"-Strategie steht die Ablehnung der gegenwärtigen Situation: *„Nein, ich will diese Situation nicht."* Vielen Menschen fällt es beispielsweise schwer, die Vergangenheit anzunehmen. Dabei zeichnet sich die Vergangenheit vor allem dadurch aus, dass sie vergangen ist. Durch nichts auf der Welt lässt sich an dem, was geschehen ist, noch irgendetwas ändern: Der Autounfall, den ich verursacht habe, oder die Scheidung meiner Eltern, unter der ich als Kind gelitten habe, all diese Ereignisse sind geschehen und die einzig sinnvolle Art, damit umzugehen, ist, sie anzunehmen, so wie sie nun einmal waren.

Doch unser ablehnender Geist tut sich damit unglaublich schwer. Oft braucht es Jahre, manchmal sogar Jahrzehnte, um Vergangenes innerlich annehmen zu können. Eine Freundin meinte neulich zu mir: „Ich wünsche mir nichts sehnlicher auf der Welt, als verzeihen zu können." Sie war vor einigen Jahren ihrer großen Liebe bis auf die andere Seite der Erde, nämlich nach Australien, gefolgt. Nach ein paar Jahren musste sie dort dann erleben, dass ihr Partner sich in eine andere Frau verliebte und sich von ihr trennte. Sie entschied sich, wieder nach Deutschland zurückzukehren und brauchte lange, um hier in ihrer alten Heimat wieder richtig Fuß zu fassen. Doch was geschehen war, konnte sie lange nicht loslassen.

Unser ruheloser Geist sagt nicht nur nein zu schwierigen Situationen, sondern er hat generell gerne etwas zu nörgeln. Es gibt eine einfache Übung, die du machen kannst, um dieser Funktionsweise deines Geistes auf die Schliche zu kommen. Sie funktioniert am besten, wenn du dich in einer Situation befindest, in der es dir so richtig gut geht. Vielleicht sitzt du entspannt auf der Terrasse und genießt einen sommerlichen Abend oder du machst einen schönen Spaziergang und erfreust dich an der Natur. Beobachte genau, wie dein Geist auf diese angenehme und positive Situation reagiert. Meistens passiert Folgendes: Zunächst sagt er dir, wie schön das hier alles ist: *„Toll, dass du so entspannt auf der Terrasse sitzen kannst!"* Das hält er aber in den meisten Fällen nicht sehr lange aus. Irgendwann meldet er sich mit einer Idee, was jetzt noch fehlt, wie alles noch ein bisschen schöner werden könnte. Vielleicht sagt er etwas wie: *„Wenn du jetzt noch diese leckeren Chips zum Wein hättest, die du neulich in Italien gegessen hast."* Oder: *„Schade, dass da diese Wolke die untergehende Sonne verdeckt, anders wäre es noch schöner."*

Unser Geist kann nicht ja sagen, weil er nicht genießen kann. Er kann es genauso wenig, wie es ein Computer kann, denn er wurde nicht dafür geschaffen. Die Aufgabe des Verstandes ist es ja, uns zu beschützen. In einer vollkommen angenehmen Situation hat er nichts zu tun. Dann sagt er aber nicht: *„Ich werde jetzt nicht gebraucht, ich mache ein kleines Nickerchen und ruhe mich aus,* sondern er sagt eher: *Es kann gar nicht sein, dass es für mich nichts zu tun gibt. Ich muss nur genau hinschauen, dann finde ich schon was.*"

Probleme sind seine Lieblingsspeise

Unser Geist ist regelrecht verliebt in Probleme. Er sucht sie und notfalls erfindet er sie sogar. Für ihn sind Probleme Nahrung und Daseinsberechtigung zugleich. Ich habe während einiger Jahre, als ich im Psychiatriebereich gearbeitet habe, Erfahrungsberichte von Menschen gesammelt, die nach einer schweren psychischen Erkrankung wieder genesen waren. Meine Bitte an sie war damals: Schreib deinen Gesundungsweg auf! Was ich dann aber oft bekam, waren nicht die Stationen hin zur Gesundung, sondern die Betroffenen schrieben sehr lang und ausführlich über ihre Krankheitszeit und nur kurz über den Weg, der aus der Krankheit hinausführte. Genau so funktionieren wir oft: Wir hängen an den schwierigen Themen, den ungelösten Aufgaben, am Leid. Mit Genesung, Entspannung und Wohlbefinden kann unser Geist nicht viel anfangen.

In meinen Seminaren mache ich oft eine Übung mit den Teilnehmenden, die uns zeigt, wie sehr unser Geist auf Probleme fixiert ist und wie wenig auf unsere Fähigkeiten und all das, was uns gelingt. In dieser Paarübung hat jeder Teilnehmende 15 Minuten Zeit, seinem Gesprächspartner von seinen Stärken und Fähigkeiten zu erzählen. Das Besondere daran ist gar nicht die Übung selbst, sondern wie die Teilnehmenden reagieren, wenn ich die Übung ankündige. Es geht dann nämlich regelmäßig ein Raunen und Augenverdrehen durch die Runde. Es ist regelrecht zu spüren, dass niemandem wohl ist bei dieser Übung. „Was soll ich 15 Minuten über meine Stärken erzählen, da bin ich doch nach 3 Minuten fertig" heißt es dann oft. Eine Teilnehmerin hat mir mal gesagt: „Gib uns doch besser 30 Minuten Zeit, um über unsere Probleme zu reden!" Du brauchst dich nur selber zu beobachten: Worüber redest du am Abendbrottisch? Über die schönen Ereignisse des Tages oder über das, was schwierig war und dich belastet hat? Dabei ist diese Strategie dumm, denn ein einfaches energetisches Gesetz besagt: „Worauf wir unsere Aufmerksamkeit richten, das weitet sich und wird größer." Je mehr wir also über Probleme nachdenken und reden, umso mehr „füttern" wir sie. Eine meiner Klientinnen hat das einmal auf den Punkt gebracht: „Wenn ich morgens nach dem Aufwachen noch im Bett liegen bleibe und über meine Probleme nachdenke, bin ich fix und fertig für den Rest des Tages."

Wenn wir uns unsere vermeintlichen Probleme ganz genau und ehrlich anschauen, dann werden wir sogar eine eigentlich unglaubliche Feststellung machen: Es gibt sie gar nicht! Die meisten unserer Probleme sind von unserem Geist erfunden. Wir nehmen Ereignisse vorweg, oder beschäftigen uns mit Situationen, die wir gerne anders hätten, als sie sind. Unser ruheloser Geist wird dem allerdings nicht zustimmen: *„Natürlich hast du Probleme. Wenn du nicht aufpasst, überziehst du bald dein Konto und außerdem hieß es neulich, dass du vielleicht bald ausziehen musst, weil dein Vermieter Eigenbedarf anmeldet. Also, wenn das keine Probleme sind!"* Wenn du dich aber ehrlich fragst „Welches Problem habe ich in diesem Moment?", dann wirst du feststellen, dass du höchstwahrscheinlich momentan gar kein Problem hast. Natürlich gibt es wirkliche Probleme, die nicht nur auf Gedankenprozessen beruhen, beispielsweise wenn ich eine schwere Krankheit habe und mir niemand die Hilfe gibt, die ich brauche. Aber solche Probleme sind ausgesprochen selten. Was wir gewöhnlich als Problem bezeichnen, ist meistens nichts anderes als eine Situation, die wir einfach anders haben möchten, als sie nun einmal ist.

Schließ die Augen für einen Moment und frag dich: Welches Problem habe ich in diesem Augenblick?

Und, hast du gerade ein Problem?

Bewerten, Kommentieren, Vergleichen

Stell dir vor, eine gute Bekannte hat dich für heute Abend auf ihre Geburtstagsparty eingeladen. Schon als du eingeladen wurdest, hat dein Geist seine Kommentare abgegeben: *„Ob es dir dort auf dem Fest gefallen wird? Vielleicht ist Clemens auch da, den kannst du doch nicht ausstehen."* Später, als du dann überlegt hast, was du schenken könntest, war er auch wieder dabei: *„Also für 30 Euro solltest du schon was schenken, sie hat dir neulich schließlich auch diesen schönen Bildband geschenkt. Aber verschenk nicht schon wieder ein Buch, das ist langweilig."* Dann bei der Kleiderauswahl: *„Mach dich nicht zu schick, dann fällst du nur auf"* und auf dem Weg zur Party: *„Aber bleib nicht zu lange, morgen musst du fit sein. Wahrscheinlich wird es sowieso eher langweilig, in der Küche stehen und reden, das übliche Programm halt."* Du hörst schon auf der Straße den Lärm *„Oh, da ist ja was los, vielleicht wird das ja doch ne tolle Party, aber sei nicht wieder so wortkarg."* Dann, als du deine Bekannte begrüßt, ihr zum Geburtstag gratulierst und ihr dein Geschenk überreichst: *„Sie sieht gar nicht aus wie 43, jedenfalls sieht sie jünger aus als du. Und sie hat eine tolle Wohnung, die ist schöner als deine, so hell und einfach gut eingerichtet."* Und so weiter und so weiter. Wir würden uns von keinem Menschen auf der Welt dermaßen herumkommandieren und kritisieren lassen, wie wir es unserem Geist erlauben. Jeder andere würde irgendwann ein wütendes „Jetzt reicht's aber!" von uns zu hören bekommen.

Unser Geist ist ständig damit beschäftigt, alles, was ihm begegnet, zu bewerten, zu kommentieren und zu vergleichen. Er beurteilt uns selbst, was wir tun und sagen, unseren Körper, unsere Kleidung und unsere Frisur. Ebenso beurteilt er andere Menschen und die Situation, in der wir uns befinden. Ob sie angenehm oder unangenehm ist, wie sie besser sein könnte, was ihm gefällt, was ihm missfällt. Dieser fortwährende Bewertungsprozess ist wie ein

Radioprogramm, das schon so lange läuft, wie wir denken können, und dessen Inhalte wir schon seit vielen Jahren nicht mehr bewusst aufnehmen.

Du kannst eine einfache Übung machen, um das innere Radioprogramm wieder bewusster wahrzunehmen, ich nenne sie die „Cappuccino-Übung“: Setz dich in ein Straßencafé und bestell dir einen Cappuccino oder was immer du magst. Dann beginnt die Übung: Beobachte die Menschen, die auf der Straße vorbeigehen, und sei achtsam auf die Kommentare, die dein ruheloser Geist über sie abgibt. Das könnte so lauten: *„Die ist aber gut gekleidet. … Auch ein bisschen zu dick, die Arme. … Der schaut aber verbissen. … Wie viel die Leute alle einkaufen. …* “Du wirst feststellen, dass du zu fast jedem Menschen einen Kommentar abgibst.

Unser Geist kann nicht anders, als alles zu bewerten und einzuordnen. Auch das hat wieder etwas mit seiner eigentlichen Funktion zu tun, nämlich unser Überleben zu sichern und für unser Wohlbefinden zu sorgen. Dafür ist es hilfreich, alles, was uns im Außen und im Innen begegnet, einzuordnen, zunächst einmal in die Schubladen „gefährlich“ und „ungefährlich“, etwa wenn wir einem großen Hund auf der Straße begegnen. Aber auch in die Schubladen „angenehm, das will ich haben“ und „unangenehm, das soll weg“. Als Teil unseres inneren Beschützers bemüht sich unser Beurteilungssystem darum, alles Unangenehme von uns fernzuhalten. Daher werden auch kleinste Empfindungen bewertet, der Sonnenstrahl auf meiner Schulter als warm und angenehm, der etwas zu stark geratene Kaffee als bitter und unangenehm.

Die Bewertungen unseres Geistes sind oftmals nicht viel wert und ihre Halbwertzeit ist auch nicht sehr hoch. Ein Beispiel, das wir alle kennen, ist unser Modeempfinden. Wir schauen uns heute Fotos aus den 1980er Jahren an und denken: „Wie konnten wir nur so rumlaufen.“ Heute schämen wir uns fast für die Langhaarfrisur und die verschnörkelte Brille. Damals dachten wir, genau diese Brille brauchten wir für unser Glück. Auch unsere Bewertungen anderer Menschen sind zumeist überflüssig und auch zeitlich nicht überdauernd. Da haben wir einen uns noch vollkommen fremden Menschen in die Schublade „unsympathisch“ abgelegt, dabei haben wir uns noch nie mit ihm unterhalten und kennen ihn eigentlich gar nicht. Lernen wir ihn dann besser kennen, entsteht vielleicht sogar eine Freundschaft. Manche langjährige Beziehung ist so zustande gekommen. „Als ich ihn das erste Mal gesehen habe, war er ein rotes Tuch für mich. Heute sind wir seit 30 Jahren verheiratet und uns geht es gut miteinander", erzählte mir eine ältere Frau.

Unter Automatismen von Bewerten, Kommentieren und Vergleichen leiden viele Menschen, denn es ist eine der Hauptbeschäftigungen unseres Geistes. Und dies hat negative Folgen: Wir verlieren unsere Lebensfreude, unsere Lebendigkeit und Spontaneität. Wenn wir lebendig und spontan sind, bieten wir unserem Bewertungs-Guru besonders viel Futter. Um dem zu entgehen, leisten wir vorauseilenden Gehorsam und werden dabei immer freudloser. Außerdem können wir unserer Umgebung nicht mehr frei und ungezwungen begegnen. Bevor wir einem fremden Menschen die Hand geben, hat unser innerer Bewerter schon seinen Kommentar abgegeben.

Ein Gedanke ist ein Gedanke und keine Tatsache

Unser Geist ist ein Geschichtenerzähler. Er kann nicht einfach einen äußeren Reiz wahrnehmen, sondern muss ihn zunächst bewerten und einordnen, danach macht er dann oft auch noch eine Geschichte daraus, die mit dem eigentlichen Ereignis gar nichts mehr zu tun hat. Die könnte beispielsweise so gehen:

> „Wie ist es denn gestern gelaufen mit deiner neuen großen Liebe?" fragt der eine Freund den anderen. „Nicht gut", antwortet dieser. „Sie hat mich das erste Mal abends zu sich nach Hause eingeladen. Sie hatte toll gekocht und wir hatten es so schön miteinander. Aber irgendwann hat sie das Licht ausgemacht und sich ausgezogen. Da wusste ich, dass sie schlafen will, und bin nach Hause gegangen."

Erinnerst du dich noch an die Situation vor dem Kino aus dem ersten Kapitel? Unser Freund kam zu spät, mehr war eigentlich nicht. Und unser Geist macht daraus die Geschichte: *„Der ist unzuverlässig und lässt dich womöglich absichtlich warten. …"* Täglich erfindet er Dutzende solcher Geschichten, die jeweils uns als Hauptfigur haben. Manchmal sind wir die Verlierer, manchmal die tragischen Helden, die Zukurzgekommenen, die Übergangenen oder Ausgenutzten. Jeder hat seine eigenen Lieblingsthemen, die er besonders gerne erzählt. Er interpretiert das, was er erlebt, auf eine Art, die zu seinen Lieblingsthemen passt. Der eine hat vielleicht das Lieblingsthema „Ich bin ein Außenseiter." Er wird möglicherweise die Beobachtung „Meine Kollegen witzeln in der Pause miteinander" zu der Geschichte verarbeiten: *„Die wollen mit mir nichts zu tun haben und mögen mich nicht."* Die andere hat das Lieblingsthema: *„Den anderen kann man nicht trauen."* Sie wird im Restaurant ihren Schirm nicht in den Schirmständer stellen, da sie sicher ist, dass er dort geklaut wird.

Gerade wenn es uns nicht gut geht oder wir sogar in einer Krise sind, erzählt unser Geist gerne Geschichten, denen wir dann bedingungslos glauben. Aus der Beobachtung „Ich bin in den Ferien und es regnet" könnte dann sogar werden: *„In meinem Leben klappt gar nichts, noch nicht mal schöne Ferien scheine ich verdient zu haben. Morgen und übermorgen wird es bestimmt auch regnen, ich kann gleich abreisen. Ich bin selber schuld, wie konnte ich nur an den Gardasee fahren. Ich hätte die Reise nach Kenia buchen sollen."* Wenn Freunde und Bekannte uns ihre Geschichten erzählen, dann können wir gelassen reagieren und antworten vielleicht: „Komm, das muss doch gar nicht so gewesen sein." Wenn wir uns selbst eine solche Geschichte erzählen, dann fehlt uns meistens der innere Abstand dazu, und wir glauben all dem, was wir uns da gerade ausgedacht haben.

Wir bekommen natürlich nicht nur negative oder schwierige Geschichten erzählt, wie in diesen Beispielen. Es können ebenso gut positive Geschichten sein. Das sind dann die „Heldengeschichten", die Geschichten mit der Botschaft: *„Eigentlich bin ich doch ein verkanntes Genie."* Oder: *„Ich bin ein ewiger Glückspilz."*

Aber auch das ist nur eine Gedankenkonstruktion und keine Tatsache. Erzählt dein ruheloser Geist dir lieber Heldengeschichten oder Tragödien?

Äußere Ereignisse werden nicht nur mit Gedanken und Geschichten verbunden, sondern sie sind auch hochgradig mit Gefühlen, Stimmungen und Körperempfindungen assoziiert, die mit dem äußeren Reiz zunächst nichts zu tun haben. Was ich jetzt erzähle, wirst du vermutlich erst einmal komisch finden, denn wir alle halten die Verbindungen von äußerer Situation und emotionaler Reaktion für vollkommen normal. Typische Situation: Du liegst in einer warmen Sommernacht im Bett und bist kurz vor dem Einschlafen, bis es plötzlich „bbssss" macht. Eine Mücke landet auf deiner Wange, du schlägst zu, bekommst eine Ohrfeige und die Mücke summt munter weiter. Unsere Reaktion: Wir werden sauer, wir ärgern uns. Aber – und jetzt kommt das zunächst seltsam Anmutende: Es gibt keinen Grund sauer zu werden. Es ist sogar das Dümmste, was wir tun können. Denn selbst wenn wir die Mücke schließlich irgendwann erlegt haben, können wir nicht einschlafen, weil unser Körper noch mit Ärgerhormonen aufgeputscht ist. Stell dir vor: Es ist möglich, in einer solchen Situation gar nicht ärgerlich zu werden, sondern einfach nur die Mücke zu erlegen und sich wieder schlafen zu legen. (Natürlich kann man die Mücke auch in einem Glas fangen und hinausbringen.) Und noch eine Situation, die uns wohl fast allen vertraut sein dürfte: Du sitzt in deinem Auto, das fährt aber nicht, sondern steht, und zwar im Stau. Nichts geht voran. Du wirst ärgerlich, aber auch dadurch kommt dein Auto keinen Zentimeter schneller voran.

In beiden Fällen entstehen überflüssige und schädliche Gefühle, weil unser Geist ein gewohnheitsmäßiger Nein-Sager ist.

Er kann die Situation nicht einfach annehmen, wie sie ist, selbst wenn er sie nicht ändern kann, sondern er besteht darauf, dass sie anders sein sollte. In dem Spiel sind wir nichts anderes als eine simple Reiz-Reaktions-Maschine: Mücke rein, Ärger raus. Wir handeln nicht nur als Autopiloten, wir fühlen auch vollkommen automatisiert und scheinbar ohne Einflussmöglichkeit. Doch wenn wir mehr und mehr Abstand zu unseren unkontrollierten Gedanken bekommen, können wir das langsame Aufkommen des Ärgergefühls beobachten und können es nach einer Weile der Übung sogar vorüberziehen lassen. Unser Leben wird bedeutend friedvoller und weniger anstrengend, wenn wir nicht an jeden Reiz gleich eine ganze Gedanken- oder Gefühlsgeschichte anhängen.

Wieder Herr im eigenen Haus werden

In diesem Kapitel haben wir gesehen, wie unser Denken funktioniert: Wir sind meistens entweder in der Vergangenheit oder in der Zukunft und verpassen dabei die Gegenwart. Wir suchen das Glück im Außen oder in der Zukunft. Dort können wir es aber nicht finden, weil es bereits in uns ist und im Hier und Jetzt liegt. Wir machen uns Sorgen über morgen und übermorgen und lieben Probleme. Wenn wir keine finden, denken wir uns welche aus. Das Haltbarkeitsdatum unseres Wissens ist längst abgelaufen und niemand entfernt die veralteten Informationen aus unserem Speicher. Unsere Gedanken sind größtenteils von unseren engen Bezugspersonen übernommen und doch halten wir sie für unser wichtigstes Eigentum. Wir werden gequält vom inneren Bewerten und Beurteilen und können nicht damit aufhören.

Wie konnte es eigentlich dazu kommen, dass unser Geist nach solch seltsamen Prinzipien funktioniert? Er ist in vielem ein unbeschreiblich nützliches Instrument für uns, doch manchmal ist er auch unser größter Feind.

Im ersten Kapitel habe ich die Geschichte vom Hausherrn und

vom Diener erzählt. Der Diener – unser Geist – ist im Laufe unseres Lebens zum Hausherrn geworden, und der Hausherr – wir selbst – hat ganz vergessen, dass er eigentlich der Boss ist. Dummerweise stellt sich unser Diener als ein etwas unordentlicher und schlecht erzogener Zeitgenosse heraus. Im Laufe der Jahre hat er unser Haus etwas verkommen lassen. Es ist schon länger nicht mehr aufgeräumt worden. Dabei ist er eigentlich ein netter Kerl, er meint es gut mit uns, aber manchmal ist er wirklich nicht der Hellste. Weil der Hausherr schon vor längerer Zeit eingeschlafen ist, versucht der Diener den Laden alleine zu schmeißen, doch das gelingt ihm mehr schlecht als recht.

In diesem Buch geht es darum, wieder ins eigene Haus einzuziehen und den Diener in die Dienstbotenwohnung umzusiedeln. Nur wenn wir zu Hause sind, können wir ihm erklären, was er tun soll und wovon er die Finger lassen soll. Wenn wir ihm keine Grenzen setzen, arbeitet er von morgens bis abends und macht nicht mal beim Sex oder im Urlaub eine Pause. Wir sind weiser als er, in vielem müssen wir ihm erklären, wie die Welt funktioniert. Wir entscheiden, welche Themen unserer Aufmerksamkeit wert sind und wann wir unseren Verstand benutzen. Und plötzlich können wir die Mücke jagen (oder fangen und hinausbringen) und danach ganz entspannt einschlafen oder im Stau stehen, ohne uns zu ärgern.

SELBSTERFORSCHUNG

Den Geist liebevoll beobachten

Diese Übung hilft, die Funktionsweise unseres Geistes besser wahrzunehmen und mehr Abstand zu gewinnen.

Achte darauf, wann dein Geist dir wieder einen Science-Fiction- oder einen Heimatfilm vorspielt. Nimm einfach zur Kenntnis, wenn du wieder mit dem inneren Kopfkino beschäftigt bist, aber komm in die Gegenwart zurück. Du kannst dich dazu auf deinen Atem konzentrierten, deine Sinneseindrücke bewusst wahrnehmen oder deine Aufmerksamkeit wieder auf die Tätigkeit richten, mit der du gerade beschäftigt bist.

4

Die verschiedenen Stimmen in uns

Bisher haben wir uns vor allem damit beschäftigt, nach welchen Prinzipien und Regeln unsere Gedankenmaschine funktioniert. In diesem Abschnitt wird es nun um die konkreten Inhalte unserer Gedanken gehen. Sie sind das Ergebnis unserer Lebensgeschichte, unserer bisherigen Erfahrungen und der Botschaften, die uns andere Menschen vermittelt haben. So haben uns vor allem unsere Eltern Aufträge mitgegeben, aber auch Lehrer, Großeltern oder ältere Geschwister haben Einfluss auf uns ausgeübt und unseren Geist mit Inhalten gefüttert. Beispielsweise hat ein Sohn von seiner Mutter immer wieder zu hören bekommen: „Du musst dich anstrengen, damit du es im Leben zu etwas bringst." Diesen und ähnliche Sätze sprach sie nicht nur aus, sie vermittelte ihrem Sohn auch durch ihr ganzes Verhalten und ihre Haltung, dass er sich im Leben anstrengen muss. Ihre eigene Maxime lautete „Ohne Fleiß kein Preis" und damit wurde sie zu einem Modell für ihren Sohn. Wenn wir solche Botschaften oft genug hören und die Menschen, von denen wir sie vermittelt bekommen, für uns vertrauenswürdig sind, dann halten wir sie für wahr. Psychologen sprechen dann davon, dass eine äußere Botschaft internalisiert wurde, also zu einem Teil unseres eigenen Selbst, unserer eigenen Person geworden ist.

Stimmenreich

Zwei amerikanische Psychologen, Hal und Sidra Stone, kamen schon in den 1970er Jahren auf die Idee, die Botschaften unseres Geistes wie innere Stimmen aufzufassen, mit denen man zunächst in einen Dialog treten und von denen man sich dann langsam distanzieren kann. Sie entwickelten eine Therapiemethode, die sie „Voice Dialogue" nannten, zu Deutsch „Stimmen-Dialog". Ihren Ansatz nutzen wir nun, um uns die Botschaften unseres ruhelosen Geistes genauer anzuschauen. Wir tauchen also ein in die Welt der Stimmen. Wir tun das nicht, weil ihre Inhalte so spannend oder nützlich für uns wären. Das sind sie nicht, denn in den meisten Fällen sind diese Stimmen Botschaften aus einer vergangenen Zeit, deren Inhalte und Aufträge für uns heute nicht mehr wirklich von Bedeutung sind. Ziel ist vielmehr, die Botschaften besser zu erkennen und sich so langsam von ihnen distanzieren zu können. Dazu ist es hilfreich, die verschiedenen Inhalte voneinander zu unterscheiden, um sie so für uns greifbarer zu machen.

Ähnlich wie die „Beam-mich-weg!"-Strategien hatten auch unsere inneren Stimmen ursprünglich eine positive Absicht, denn sie sollten uns ebenfalls vor dem Nicht-Geliebt-Werden, vor Scham, Zurückweisung oder Alleinsein schützen. Unsere Eltern haben diese Botschaften an uns weitergegeben, weil sie selbst davon überzeugt waren, dass Überleben, Erfolg und Glück am besten zu erreichen sind, wenn man sich an diesen Lebensprinzipien orientiert. Die Stimmen sollen uns zu einem sozial angepassten Verhalten bewegen, zu hoher Leistung motivieren oder zu einem freundlichen Umgang mit den Menschen unserer Umgebung bewegen. Unsere inneren Stimmen sind also ganz und gar nicht unsere Feinde, sondern unsere Freunde, Teil unseres inneren Beschützersystems.

Der Motor dieser inneren Stimmen ist Angst. Nur wenn wir diese Angst verstehen, können wir auch verstehen, warum die Stimmen eine solch ungeheure Kraft haben. Sie geben nicht einfach auf, wenn sie mit ihren inneren Botschaften keinen Erfolg haben. Sie werden im Gegenteil noch lauter, weil das Empfinden von Bedrohung, ja sogar von „Lebensgefahr“ zunimmt. Wer die Botschaft vermittelt bekommen hat: „Du musst viel leisten und beruflich erfolgreich sein“, der wird buchstäblich in Angst und Panik ausbrechen, wenn er seinen Job verliert. Er kann sich nicht sagen: *„O.K., jetzt bin ich arbeitslos, aber nach einer gewissen Zeit werde ich bestimmt wieder eine neue Stelle finden, schließlich habe ich eine gute Ausbildung und bin sehr engagiert“*, sondern er wird sich existentiell bedroht fühlen, selbst wenn sein Konto gut gefüllt ist.

Manchmal erzählen mir Menschen, dass sie innere Stimmen wie den Kritiker oder den Antreiber bei sich noch nie wahrgenommen haben. Das heißt aber nicht, dass es diese Stimmen in ihnen nicht gibt. Manchmal müssen sich diese Stimmen in uns oft gar nicht melden, da wir einen vorauseilenden Gehorsam leisten. Wir handeln im Autopilotenmodus nach ihren Anweisungen und würden sie erst dann wahrnehmen, wenn wir uns anders verhalten. Solange wir ihnen quasi gehorchen, halten sie sich dezent im Hintergrund. Daher kommen wir manchen Stimmen nur auf die Spur, indem wir unser Verhalten ändern und genau beobachten, wie unser ruheloser Geist mit seinen Schutzmechanismen darauf reagiert.

Die inneren Stimmen sind von Person zu Person verschieden. Sie hängen von unserer Lebensgeschichte ab, aber auch von kulturellen Erfahrungen. Menschen in westlichen Industrienationen haben andere innere Dialoge als etwa Menschen aus dem asiatischen Raum. Es gibt einige innere Stimmen, die so gut wie alle Menschen eines Kulturkreises kennen und die sich in unserem Alltag sehr oft melden, andere sind eher selten, aber nicht weniger quälend. Im Folgenden stelle ich jene inneren Begleiter vor, die bei westlich sozialisierten Menschen besonders häufig vorkommen. Und vorab wieder eine beruhigende Nachricht: Wir alle kennen solche inneren Stimmen. Es ist ganz normal, einen inneren Kritiker, einen inneren Antreiber oder einen inneren Perfektionisten zu haben.

Der innere Kritiker: Wie hast du dich da wieder blöd angestellt!

Nehmen wir mal an, du verschüttest aus Versehen deinen Kaffee auf deiner Hose. Wie reagiert dein Geist? Sagt er etwas wie: *„Das macht doch nichts!"* oder: *„Wie kann man nur so blöd sein!"* Oder nehmen wir an, du versuchst, den tropfenden Wasserhahn in deinem Badezimmer zu reparieren, doch nachher tropft er nur noch stärker als vorher. Kommen dir Gedanken wie: *„Gut, dass du probiert hast, ihn selbst zu reparieren."* Oder sagt er: *„Ich hab doch gleich gewusst, dass du das nicht hinkriegst."* Solche und ähnliche Beispiele sind typische Situationen, in denen unser innerer Kritiker aktiv wird. Diese Stimme kommentiert und beurteilt vor allem unser Verhalten, aber auch unser Äußeres oder er spekuliert darüber, was andere Menschen über uns denken.

Unser innerer Kritiker ist kein angenehmer Zeitgenosse. Meistens ist er ein aufdringlicher Besserwisser und ein Oberlehrer. Egal, was wir machen, er weiß es immer besser. Dem inneren Kritiker sind wir in diesem Buch schon mehrmals begegnet. Mein Klient, der immer wieder kontrollieren musste, ob er die Herdplatte ausgeschaltet hatte, hat z. B. mit ihm zu kämpfen. Kontrolliert er nicht, dann beschwert sich der innere Kritiker, kontrolliert er, beschimpft er ihn als „krank". Unser innerer Kritiker sagt uns, dass wir nicht gut genug sind, uns nicht genug anstrengen, nicht hübsch genug sind, nicht liebenswert sind, langweilig sind, keine Talente haben, mit anderen nicht mithalten können und so weiter. Eine weitere Lieblingsbeschäftigung unseres inneren Kritikers ist das Vergleichen: *„Das Haus deines Nachbarn ist fast doppelt so groß wie deines! Das Kleid deiner Freundin ist viel schöner! Die anderen verdienen viel mehr Geld als du!"*

Der innere Kritiker ist die Stimme in uns, unter der wohl die meisten Menschen leiden. Wir alle haben eine große Sehnsucht danach, so angenommen zu werden, wie wir sind. Wir wünschen uns jemanden, der uns sagt: „Du bist O.K., genau so, wie du bist. Du musst gar nicht anders werden, damit du liebenswert bist. Bleib, wie du bist!" Doch da unsere ganze Gesellschaft vom inneren Kritiker beherrscht wird, bekommen wir solche Sätze relativ selten zu hören. Und wenn sie uns jemand schenkt, glauben wir sie nicht und werden misstrauisch.

Unser innerer Kritiker kritisiert uns nicht willkürlich. Er weiß genau, wo unsere wunden Punkte sind und dort schlägt er gnadenlos zu. Fühlt sich jemand körperlich nicht attraktiv, meldet sich sein Kritiker natürlich mit einem: *„Schon wieder zwei neue Pickel!"* Oder: *„Kein Wunder, dass du niemanden abkriegst mit deiner Figur."* Glaubt jemand, im Beruf nicht gut genug zu sein, bekommt er von seinem Kritiker vorgehalten, was heute alles fehlgeschlagen ist.

Und was ist das Lieblingsthema deines inneren Kritikers? Die meisten Menschen brauchen nicht lange, um diese Frage zu beantworten, denn wir sind fast täglich seinen Kommentaren ausgesetzt.

Unser innerer Kritiker behauptet natürlich, dass er es gut mit uns meint, nur das Beste für uns will und weiß, wie das zu erreichen ist. Doch was passiert, ist oft genau das Gegenteil. Stell dir folgende Situation vor: Du sitzt mit einer Bekannten im Café und unterhältst dich. Dein innerer Kritiker ist heute ziemlich gut drauf, er sitzt neben dir und flüstert dir ständig etwas ins Ohr, etwa folgendermaßen: *„Was du da gerade wieder für einen Unsinn erzählst. … Du bist ein Aufschneider, das stimmt doch alles gar nicht wirklich. … Sie schaut schon ganz gelangweilt zum Nachbartisch rüber und ist bestimmt froh, wenn sie bald gehen kann. … Jetzt hast du auch noch den Löffel fallen gelassen."* Es kommt, wie es gar nicht anders kommen kann: Wir verlieren unsere Lebendigkeit, unsere Kreativität, unser Selbstvertrauen, unseren Mut und unsere Spontaneität. Wir fühlen uns immer kleiner und bald fällt uns gar nichts mehr ein.

Oft glauben wir, die einzige Möglichkeit, mit unserem inneren Kritiker zurechtzukommen, ist, ihm nachzugeben und ihm zu gehorchen. Wenn er uns morgens vor dem Spiegel mit: *„Oh je, diese Falten …“* quält, vereinbaren wir gleich einen Termin bei der Kosmetikerin. Doch am nächsten Morgen heißt es dann vor dem Spiegel: *„Jetzt siehst du ja noch schlimmer aus als vorher.“* Unseren inneren Kritiker können wir nie wirklich zufriedenstellen. Selbst wenn wir alles tun, was er von uns verlangt, fallen ihm immer wieder neue Dinge ein, die wir seiner Meinung nach falsch machen. Er ist wie ein Drache, dem man einen Kopf abhackt und dem an derselben Stelle sofort zwei nachwachsen. Wenn wir ihm gehorchen, machen wir alles nur noch schlimmer. Die einzige Möglichkeit, uns von diesem Terror zu befreien, besteht darin, Abstand zu dieser inneren Stimme herzustellen. Wir können lernen, unseren Kritiker zu beobachten und aufmerksamer mitzubekommen, wann er aktiv ist. Dann stehen wir morgens vor dem Spiegel und können gelassener sagen: Da bist du ja wieder. Aber diesmal renne ich nicht gleich wieder zum Friseur …

Der Antreiber: Streng dich mehr an!

Viele Menschen, gerade in den westlichen Industrieländern, haben einen sehr starken Antreiber. Bei jedem Menschen stürzt sich dieser Antreiber auf bestimmte Lieblingsthemen. Dem einen sagt er, er solle mehr oder schneller arbeiten, dem anderen, er solle mehr Wissen oder mehr Geld anhäufen, die Wohnung sauberer halten, sich ein spannenderes Freizeitprogramm überlegen oder endlich auf dem spirituellen Weg weiterkommen. Einem Klienten von mir sagte er, er solle sich in der Therapie mehr anstrengen und dort endlich Fortschritte machen. In einem Entspannungstraining wurden einige Teilnehmer von der Antreiberstimme gequält, die sie aufforderte, sich mehr anzustrengen, um wirklich entspannt nach Hause gehen zu können.

Lass dir einen Moment Zeit, um zu überlegen, in welchem Bereich sich deine Antreiberstimme am deutlichsten meldet.

Ganz gleich, wozu dich dein Antreiber drängt, immer ist ein bestimmtes Körpergefühl die Folge: In uns zieht sich etwas innerlich zusammen, wir spüren eine Enge im Brustkorb oder fühlen uns angespannt, unruhig und nervös. Hier begegnen wir wieder dem Prinzip, dass unsere Gedanken bestimmte Körperprozesse in Gang setzen. Allein das Nachdenken darüber, was wir alles noch erledigen müssen, kann schon innere Unruhe bewirken. Auch deshalb nehmen wir die Antreiberstimme oft sehr gut wahr. Sich von dieser Stimme zu distanzieren, wird aber dadurch erschwert, dass auch die Menschen in unserem Umfeld oft eine starke Antreiberstimme haben: Der Antreiber ist nicht nur eine individuelle Stimme, sondern auch eine *kollektive.* „Wir müssen mehr arbeiten, um uns unseren Wohlstand zu erhalten", liest man in Zeiten der Krise in jeder Tageszeitung. Die Antreiberstimme ist die Stimme des Kapitalismus und tatsächlich haben wir ihr wohl unseren Reichtum in der westlichen Welt zu verdanken. Aber wir haben ihr auch viel Leid zu verdanken, denn der Antreiber kann nicht sagen: *„Du hast dich so angestrengt. Das ist toll! Jetzt mach mal eine Pause!"* Die Botschaft lautet vielmehr: *„Streng dich noch mehr an!"* Das kann natürlich auf die Dauer nicht funktionieren, denn die Kräfte unseres Körpers sind begrenzt. Also entwickeln wir Krankheiten bei Überlastung oder Stress, beispielsweise Bluthochdruck, Schlafstörungen, Depressionen oder andere stressbedingte Erkrankungen. Der Organismus sagt: „Ich kann nicht mehr, ich brauche eine Pause. Es ist zu viel für mich." Doch der Antreiber schreckt nicht davor zurück und ist sogar bereit, seinen eigenen Wirt zu zerstören. Er ruft weiterhin: *„Es geht noch mehr!"*

Zwei Mal drohte dieses Buch an meinem eigenen Denken zu scheitern, beim ersten Mal quälte mich mein innerer Kritiker, beim zweiten Mal war es mein innerer Antreiber, der mein Schreiben sabotierte. Ihm ging wieder mal alles nicht schnell genug. Während des Schreibens legte er los mit Sätzen wie: *„Heute hast du ja wieder mal fast nichts geschafft."* Oder: *„Wenn das so weiter geht, wird das Buch nie fertig."* Um ihn zu besänftigen, fing ich an, die fertigen Seiten zu zählen. Aber das beruhigte ihn nur für kurze Zeit, er wollte wirklich das Letzte aus mir herausholen. Die Folge davon war natürlich, dass sich mein Körper anspannte. Das führte wiederum dazu, dass mir nichts mehr einfiel. Wie soll man kreativ sein, wenn man mit Verspannungen vor dem Notebook sitzt? Doch das ging in den Kopf meines Antreibers nicht hinein. Er glaubt, nur durch Antreiben sind Leistung und Erfolg möglich. Dabei ist oft genau das Gegenteil nötig, nämlich Entspannung und Loslassen.

Eine asiatische Lebensweisheit lautet: „Wenn du in Eile bist, gehe zwei Schritte vor und einen zurück." Gemeint ist: Es bringt nichts, dem Antreiber zu folgen. Sobald wir drei Punkte von der To-do-Liste abgearbeitet haben, hat unser Antreiber vier neue draufgeschrieben. Daher ist es sinnvoller, langsamer zu werden, eben einen Schritt zurückzugehen. Aber das ist eine unglaublich schwierige Aufgabe! Vielleicht begegnet dir bald eine Situation, in der du diese Übung ausprobieren könntest? Wahrscheinlich wirst du dabei feststellen, dass dein Antreiber sich lautstark bemerkbar macht, wenn du einmal weniger leistest, als du könntest. Oft werden die Aufforderungen fast unerträglich, so dass man zum Schluss doch klein beigibt und dem inneren Antreiber Folge leistet. Er quält uns jede freie Minute.

Ein Klient arbeitet als selbstständiger Unternehmensberater. Schon seit Jahren versuchte er, nur so viele Aufträge anzunehmen, wie er gut bewältigen konnte und jedes Jahr stellte er wieder fest, dass er sich viel zu viel vorgenommen hatte. Er verstand sich selbst nicht, denn er wusste ja, wie schlecht es ihm ging, wenn er zu viel arbeitete. Erst als er entschied, Anfragen abzusagen, verstanden wir besser, warum er immer zu viele Termine hatte: Sobald er eine Anfrage abgelehnt hatte, meldete sich sein Antreiber. Er bescherte ihm schlaflose Nächte und Katastrophenfantasien über den Bankrott seines Unternehmens. Und das, nur weil er eine Anfrage abgelehnt hatte. Um dem zu entkommen, vereinbarte er also immer wieder zu viele Termine.

Eng mit unserem inneren Antreiber verwandt ist der innere Perfektionist. Während der Antreiber uns sein ewiges: *„Mehr, mehr, mehr!"* oder: *„Schneller, schneller, schneller!"* zuruft, schreit der Perfektionist: *„Besser, besser, besser!"* Nie ist etwas gut genug, immer ginge es noch ein bisschen besser. Und stimmt es nicht tatsächlich, dass wir unsere Arbeit noch besser erledigen könnten oder uns noch engagierter um unsere Kinder kümmern könnten? Auch vom inneren Perfektionisten merken wir oft nichts, solange wir vorauseilenden Gehorsam leisten. Erst wenn wir etwas nicht geschafft haben oder uns etwas nicht hundertprozentig gelungen ist, tut er sich mit unserem inneren Kritiker zusammen und schlägt zu.

Der Pleaser: Sei nett!

Stell dir vor, du wirst von einem Freund zu seiner Geburtstagsparty eingeladen. Dir ist aber gar nicht nach Party zumute. Du rufst ihn kurz vor dem Fest an und sagst ab. Wie leicht oder schwer fällt es dir, deinen Freund anzurufen, und wie viel schlechtes Gewissen trägst du hinterher mit dir herum? Oder dein Partner bittet dich, heute Abend mit ihm zu Hause zu bleiben. Du hast aber schon eine Verabredung und gehst hin, obwohl dein Partner gerne den Abend mit dir verbracht hätte. Kannst du dann die andere Verabredung noch genießen oder denkst du ständig daran, wie es deinem Partner wohl ergehen mag? In solchen oder ähnlichen Situationen stellt sich heraus, wie stark unsere innere Stimme ist, die im Voice-Dialogue als Pleaser bezeichnet wird. Der Pleaser ist jemand, der ständig darum besorgt ist, dass es anderen Menschen gut geht. Das englische Wort „to please" bedeutet „jemandem gefällig sein" oder „jemanden erfreuen".

Die inneren Stimmen sind von Person zu Person verschieden und hängen oft auch vom Geschlecht ab. So haben Männer tendenziell eher einen stärkeren inneren Antreiber und Frauen eher eine stärkere innere Pleaserin.

Eigentlich ist der Titel dieses Abschnitts nicht komplett. Er müsste richtigerweise lauten: Sei nett zu den anderen *und übergehe deine eigenen Bedürfnisse, um zu überleben.* Die Pleaser-Stimme fordert uns sozusagen dazu auf, ohne jede Rücksicht auf unser eigenes Befinden, uns um die Bedürfnisse der anderen zu kümmern. Das Motto des Pleasers lautet: Wichtig ist, dass es den anderen gut geht, wie es mir geht, ist nebensächlich. Also überschreiten wir fleißig unsere eigenen Grenzen, geben mehr, als wir geben können, und sind mehr mit anderen als mit uns selbst beschäftigt. Irgendwann werden wir schließlich krank oder erleiden einen Burn-out. Eine Klientin hat sich mehrere Jahrzehnte nur um ihren Mann und ihren kranken Bruder gekümmert. Wenn ihr Mann seine Unterlagen zu Hause vergessen hatte, fuhr sie ihm 50 km nach, um sie ihm zu bringen. Wenn er eine Einladung für Arbeitskollegen aussprach, stand sie tagelang in der Küche. Schließlich brach sie zusammen, als ihr Mann eine Affäre hatte und sie sich erstmals fragte: Warum mache ich das eigentlich alles? Jahre später hatte sie gelernt, sich von ihrem Mann und ihrem kranken Bruder besser abzugrenzen. Doch es dauerte nicht lange und sie kümmerte sich um ein älteres Ehepaar in der Nachbarschaft, das eigentlich eher einen Pflegedienst gebraucht hätte als ihre Unterstützung.

Versteh mich nicht falsch: Es ist nichts daran auszusetzen, hilfsbereit und unterstützend für andere Menschen zu sein, das ist im Gegenteil sogar eine große menschliche Stärke. Schwierig wird es aber dann, wenn wir uns nicht bewusst dafür entscheiden, sondern unserem inneren Pleaser automatisch folgen und dabei ständig eigene Grenzen überschreiten. Wir handeln im Autopilotenmodus und sind eher ein Roboter als ein selbstbestimmter Mensch. Wir *müssen* dann helfen.

In mehrfacher Hinsicht unterscheidet sich diese Stimme von den beiden anderen, die wir bisher betrachtet haben. Unsere Pleaser-Stimme ist nicht so leicht zu erkennen wie die Kommentare unseres inneren Kritikers oder unseres Antreibers. Bei der Pleaser-Stimme sind wir besonders dazu verleitet, vorauseilenden Gehorsam zu leisten. Sie ist uns so sehr in Fleisch und Blut übergegangen, dass wir uns ein Leben ohne sie – also ein anderes Verhalten – gar nicht vorstellen können. Das macht es besonders schwer, dieser Stimme auf die Spur zu kommen und uns von ihr zu distanzieren.

Aber vielleicht weißt du beim Lesen dieses Abschnitts schon, ob du einen starken Pleaser in dir hast. Wenn du gedanklich oft mit dem Wohl anderer Menschen beschäftigt bist und bei anderen als ausgesprochen nett, verständnisvoll und hilfsbereit giltst, dann untersuche, ob du einen starken inneren Pleaser in dir hast. Was würde passieren, wenn du dieser Stimme nicht länger gehorchst? Wie hat dein Pleaser reagiert, als du einmal nicht der Nette und Hilfsbereite warst?

Sowohl der Pleaser als auch der Antreiber und der innere Kritiker sind übrigens sozial sehr anerkannt. Man erreicht viel, wenn man ihnen folgt, sei es beruflich oder in der persönlichen Anerkennung anderer Menschen. Kritiker und Antreiber sind in unserer Gesellschaft so sehr verankert, dass sie unsere ganze Kultur beeinflussen. „Eigenlob stinkt", „Nicht geschimpft ist schon gelobt", „Ohne Fleiß kein Preis", „Schaffe, schaffe, Häusle baue" und andere Sprüche sind typische Aussagen dieser inneren Stimmen.

SELBSTERFORSCHUNG

Die Lieblingsstimme kennenlernen

Wenn wir uns von unseren inneren Stimmen langsam distanzieren wollen, ist es notwendig, sich darüber klar zu werden, welche Stimmen uns besonders oft heimsuchen. Lass dir etwas Zeit, um deine „Lieblingsstimme" zu entdecken. Ist bei dir die Antreiberin, der Kritiker oder die Pleaserin besonders aktiv? Mach dir die drei häufigsten Botschaften dieser Stimme bewusst. Meistens sind es Sätze, die mit Aussagen beginnen wie: „*Du solltest … Du musst … Du bist … Wenn du nicht …, dann … Du darfst nicht …*" Wenn du das nächste Mal wieder diese Stimme wahrnimmst, verurteile dich nicht dafür und kämpfe nicht mit ihr. Nimm sie einfach nur wahr und erkenne, dass es nicht mehr als ein Gedanke ist.

Die leiseren inneren Stimmen

Die Botschaften, mit denen wir uns bisher beschäftigt haben, erscheinen uns meistens sehr kraftvoll. Die Stimmen sind oft laut, und wir erleben immer wieder Situationen, in denen wir ihnen nicht wirklich gewachsen sind. Hinter diesem recht aufdringlichen Stimmenreich finden sich aber auch noch weniger aufdringliche, zartere Stimmen: Es sind die leiseren inneren Stimmen. Sie sind nicht so leicht wahrzunehmen und oft werden sie von unserem Geist sogar unterdrückt, da er sich von ihnen bedroht fühlt oder ihre Signale nicht interpretieren kann.

Eine dieser Empfindungen können wir als die „Weisheit des Herzens" bezeichnen. Sie wird manchmal auch einfach Herzenergie genannt oder weise Führung. In der Inner-Child-Arbeit, einer speziellen Methode der Psychotherapie, nennen wir diesen Anteil auch den liebevollen Erwachsenen in uns. Es gibt eine Weisheit hinter der Gedankenebene, die nichts mit Wissen zu tun hat, sondern mit dem Erkennen der Wahrheit. Die Weisheit des Herzens äußert sich nicht auf verbaler Ebene, da es sich nicht um Gedankenprozesse handelt. Sie macht sich vielmehr bemerkbar durch feine Körperempfindungen, etwa ein Gefühl der Weite und Ausdehnung im Körper. Manchmal zeigt sie sich auch durch ein Empfinden absoluter innerer Klarheit. Auf einmal weiß man, was zu tun ist oder wie man sich zu entscheiden hat. Man weiß nicht, woher diese Klarheit kommt, aber es gibt nicht den geringsten Zweifel daran.

In der Psychotherapie erlebe ich diese Klarheit und innere Führung beispielsweise, wenn Menschen unsicher sind, wie sie sich in einer schwierigen Situation entscheiden sollen. Eine Klientin kam mit der Frage, ob sie sich von ihrem Partner trennen sollte, ihr Leben war zu einem zermürbenden Hin und Her zwischen Beziehung und Trennung geworden. Ich trug zwei Stühle in den Therapieraum und schlug ihr vor, dass ein Stuhl die Beziehung zu ihrem Partner symbolisieren sollte und der andere die Trennung. Nacheinander setzte sie sich nun auf beide Stühle und ohne zu reden, spürte sie in ihren Körper und ihr Herz hinein. Während sie auf dem Stuhl saß, der für die Trennung von ihrem Partner stand, fühlte sie sich weit, frei, aber auch traurig. Auf dem Stuhl für das Zusammenbleiben war ihr Empfinden eng, schwer und fast schon körperlich schmerzhaft. Ihr Körper hatte ihr gesagt, dass es keinen anderen Weg als die Trennung gab. Doch nach der Therapiestunde brauchte sie noch einige Zeit, bis sie diese Entscheidung auch umsetzen konnte. Später erzählte sie, wie richtig ihr Gefühl war und dass sie sich nicht getraut hatte sich zu trennen, weil ihr innerer Kritiker und ihr Pleaser unablässig auf sie eingeredet hatten.

Viele Menschen haben den Zugang zur Weisheit des Herzens verloren, denn wenn die lärmende Kopfmaschine mit Volldampf läuft, werden diese feinen Empfindungen nicht mehr wahrgenommen. Da wir uns in unserer Gesellschaft in erster Linie auf unser Denken verlassen, gibt es kaum eine Kultur der Wahrnehmung der übrigen Empfindungen und Botschaften.

Eine weitere, ebenfalls eher feinere innere Botschaft wird in der Psychotherapie als „inneres Kind“ bezeichnet. In uns gibt es viele erwachsene Anteile, die wir beispielsweise nutzen, wenn wir arbeiten oder unsere Kinder erziehen. Jeder von uns hat aber auch verletzliche, schwache und kindliche Seiten in sich. Wir trauen uns oft nicht, den anderen zu zeigen, wie klein und verletzlich wir uns manchmal fühlen. Daher kommen diese Seiten meistens erst ans Tageslicht, wenn wir für uns allein sind. Manchmal empfinden wir uns nicht wie ein erwachsener Mensch, sondern wie ein kleines 7-jähriges Kind. Während der innere Antreiber beispielsweise sagt: *„Zu der Party musst du jetzt aber gehen und lass dir ja ein paar gute Witze einfallen!“*, sagt das innere Kind mit leiser Stimme: *„Ich hab Angst vor den Leuten und mag da nicht hin.“*

Für unseren Antreiber und unseren Kritiker stellt das innere Kind eine Bedrohung dar, denn Verletzlichkeit, Schwäche und Kleinsein verbinden sie mit Gefahr. Deshalb kämpfen sie oft gegen unser inneres Kind. Da wir meistens mit unseren Gedanken identifiziert sind, kämpfen *wir* dann gegen unsere eigene verletzliche Seite. Dieser innere Kampf verursacht natürlich viel Schmerz. Außerdem bewirkt er, dass wir uns nicht nur von der Verletzlichkeit unseres inneren Kindes abschneiden, sondern auch von seiner Lebenslust, Freude, Lebendigkeit und Spontaneität. Unser Geist durchschaut diesen Zusammenhang nicht. Vielleicht ist es ihm auch egal, dass wir all diese wundervollen Eigenschaften langsam verlieren. Er sagt sich: *„Schwäche darf nicht sein. Du gehst in dieser Gesellschaft unter, wenn du dich damit zeigst.“*

Beobachte deinen Geist genau, wie er auf die Vorstellung reagiert, dass es in dir eine weise Herzenergie geben soll und ein verletzliches inneres Kind.

Lass dich nicht von deinen Gedanken verwirren, wenn sie auf diese Vorstellungen mit abwertenden Kommentaren reagieren wie: *„So ein Esoterikgerede!“* oder Ähnlichem. Du kannst in deinem Leben sicher Situationen finden, in denen sich deine Herzensweisheit oder dein inneres Kind gemeldet haben.

5

Wenn der Lärm nachlässt

Wenn unser ruheloser Geist sich entspannt, wird eine ganz neue Welt spürbar, die bisher vom Lärm im Kopf überdeckt war. Diese andere Wirklichkeit war die ganze Zeit über da, sie war allerdings selten wahrnehmbar. Unser überaktives Denken ist etwa vergleichbar mit einer lauten Maschine, die in einer Fabrikhalle steht. In dieser Halle herrscht ein tosender Lärm. Manchmal ist er so laut, dass man sein eigenes Wort nicht mehr versteht. Wenn wir die Maschine ausschalten, passiert etwas eigentlich Selbstverständliches: Es wird still. Aber diese Stille war immer schon da, sie war nur übertönt vom Lärm der Maschine. Wir alle kennen die Erleichterung, die eintritt, wenn ein lärmendes Gebläse, die Bohrmaschine des Nachbarn oder der Presslufthammer der Straßenarbeiter verstummt. Man braucht nur das Geräusch wegzunehmen und schon wird alles leichter. So können wir uns auch leichter entspannen, wenn unser innerer Kritiker und Kommentierer stiller wird.

Der Diamant in uns

Alle spirituellen Schulen sind sich einig, ganz gleich, ob es das Christentum ist, der Buddhismus oder die mystische Sufischule des Islam: In jedem Menschen ist Göttlichkeit, ist Essenz, ist unser wahres Wesen verborgen, das weit über unsere Persönlichkeit, unser Ich hinausreicht. Das Christentum sagt, Gott habe den Menschen nach seinem Abbild geschaffen, im Buddhismus wird vom Buddha in uns, von der Buddhanatur oder vom „grundlegenden Gutsein" gesprochen.

Es ist schwierig, etwas darüber mitzuteilen, was sich jenseits unserer Gedankenprozesse verbirgt, denn es ist ja wieder unser Geist, der diese Information verarbeitet, bewertet, kommentiert und einordnet. Daher ist es hilfreich, in Bildern zu sprechen, die uns in einer tieferen Schicht ansprechen als auf der Ebene unseres denkenden Geistes.

Wir können uns vorstellen, dass unser inneres Wesen wie ein Diamant ist. Eine spirituelle Schule der Gegenwart, die Ridhwan-School und ihr Weg des Diamond Approach von A. H. Almaas, geht von diesem Bild aus. Die geschliffenen Seiten des Diamanten sind unsere Fähigkeiten und Qualitäten wie Mitgefühl, Freude, Liebe, Vertrauen oder Annahme. Durch verschiedene Erfahrungen in unserem Leben ist dieser Diamant im Laufe der Jahre aber an manchen Stellen trüb und stumpf geworden. Wir sind mit Spontaneität und innerer Freude auf die Welt gekommen, doch mit der Zeit wurden sie unter einem ständigen Lärm von *„Du solltest aber … Du darfst nicht … Wie kannst du nur …?"* begraben. Unsere Spontaneität und innere Freude haben sich immer weiter zurückgezogen. Zum Schluss haben wir sogar vergessen, dass wir diese Fähigkeiten überhaupt in uns tragen. Doch sobald die Sollte- und Müsste-Sätze aufhören, wagen sie sich wieder ans Tageslicht, zunächst nur ganz schüchtern und eher selten, doch dann zunehmend öfter und irgendwann hören wir uns dann voller Freude sagen: „Ich wusste gar nicht, dass auch das in mir steckt!"

Bei vielen Menschen löst die Erkenntnis „ Es ist alles schon da" eine unglaubliche Freude aus. Wir sind nicht nur all die unangenehmen Empfindungen, mit denen wir uns im Alltag oft erleben und für die wir uns meistens auch noch schämen. Eigentlich sind wir viel mehr. Auch wenn der Diamant zuerst geputzt werden muss, so schimmert sein Glanz immer wieder durch, wenn auch nur für Augenblicke.

Vielleicht sind wir im Alltag oft von Sorgen und Zukunftsängsten befallen, doch manchmal finden wir ein ganz tiefes Vertrauen in uns, dass die Dinge gut werden oder dass wir mit allem, was auf uns zukommt, zurechtkommen werden. Wir selbst erleben uns vielleicht gerade in Neid und Eifersucht gefangen, dabei wäre auch Liebe und Großzügigkeit in uns, wir haben nur momentan keinen Zugang dazu. Wir alle kennen diese Augenblicke, in denen wir uns wirklich entspannen können, in denen wir das, was ist, annehmen und den Kampf vorübergehend unterbrechen können.

Ein weiteres Bild ist hilfreich, um die Welt hinter den Gedanken, Emotionen und jenseits des Autopiloten tiefer zu begreifen: Wir sind wie das Meer. An der Meeresoberfläche toben die Wellen der Gedanken, der Gefühle und der Ereignisse. Wir werden von mancher Welle mitgerissen und glauben dann, nur noch ein Gefühl zu sein oder wir sind von einem Gedanken besessen, den wir nicht loslassen können. Der Ärger hält uns gefangen oder die Gedanken daran, was wir alles noch zu erledigen haben. Doch das Meer ist sehr, sehr tief und die Wellenbewegungen finden nur an der Wasseroberfläche statt. Die Wirklichkeit darunter ist eine andere, nämlich Stille und Unberührtheit.

Ich lebe in Konstanz am Bodensee und sehe oft, wie turbulent es auf dem See zugeht. Die Welt unter der Wasseroberfläche sehe ich aber nicht. Ich muss mir bewusst machen, dass der See an manchen Stellen über 200 Meter tief ist und dort unten eine Wirklichkeit verborgen ist, von der ich kaum etwas weiß. Am Nordufer des Bodensees wird in 60 Meter Tiefe Trinkwasser für den gesamten südwestdeutschen Raum aus dem See entnommen. In dieser Tiefe ist das Wasser rein und klar und hat eine immer gleiche Temperatur von 4–5 Grad Celsius. Ganz gleich, welche Stürme oben auf dem See toben, ob im Hochsommer die Sonne

14 Stunden am Tag brennt oder ob im Winter die Menschen auf dem zugefrorenen See Schlittschuh laufen, in 60 Meter Tiefe ist das Wasser immer 5 Grad kalt und so sauber, dass es fast ohne Filterung in die Leitungen gepumpt werden kann. Auch wenn wir uns oft nicht so fühlen: Wir sind wie ein tiefer See oder wie das Meer. Die Wellen an der Oberfläche, unser Drama, unsere Geschichten und all die Kommentare unseres Geistes sind eigentlich nur Oberflächenbewegungen, in denen wir uns verirren.

Unser Diamant besteht aus unzähligen Facetten beeindruckender menschlicher Eigenschaften. Es gibt verschiedene Wege, um sie wiederzuerwecken. Im Folgenden werden wir uns mit jenen wundervollen Qualitäten und Fähigkeiten beschäftigen, die gerade dann wieder aufscheinen, wenn es in unserem Kopf ruhiger wird. Dann ist es leichter, im gegenwärtigen Moment zu verweilen oder die Dinge geschehen zu lassen: In uns breitet sich ein Gefühl von innerer Freude und Weite aus. Wir können uns und anderen Menschen wieder mit einem neuen, wachen Blick begegnen.

Wir setzen also unsere Entdeckungsreise fort.

Hier und Jetzt

Wenn der innere Lärm nachlässt, fallen wir von ganz alleine mehr in den gegenwärtigen Moment. Unser Geist lebt in der Vergangenheit oder in der Zukunft, doch beides existiert letztlich gar nicht, wie wir gesehen haben. Daher wird unser Leben fad und leer, wenn wir viel mit Gedanken an das Morgen oder das Gestern beschäftigt sind. Im Hier und Jetzt zu sein bedeutet, einfach das wahrzunehmen, was gerade ist. Über unsere äußeren Sinne nehmen wir Geräusche, Bilder und Gerüche auf und über unsere innere Bewusstheit nehmen wir unsere Gefühle, Stimmungen und Impulse wahr. Sobald wir bewusst mit unseren Sinnen wahrnehmen, sind wir in der Gegenwart. Die lärmende Maschine wird ausgeschaltet und plötzlich hören wir das Zwitschern der Vögel. Alles um uns herum erscheint dann viel intensiver, lebendiger, frischer und klarer. Was wir bis dahin vielleicht gar nicht bemerkt haben, verursacht plötzlich kleine Erdbeben in uns: der Windzug auf der Haut, der Sonnenstrahl, der durch die Baumwipfel scheint, das frische Grün der jungen Buchenblätter. Wir brauchen dann nicht mehr in ein 5-Sterne-Restaurant zu gehen, denn die Erdbeere zum Frühstück oder das Stück Honigmelone sind die größten Genüsse, die wir uns vorstellen können. Ich vergleiche diese unterschiedliche Intensität der Wahrnehmung gerne mit einem Schwarz-Weiß-Fernseher der 1970er Jahre und einem modernen Hochglanz-Farbbildschirm. Solange wir noch in der lärmenden Fabrikhalle sitzen, ist unsere Wahrnehmung wie ein flimmernder Schwarz-Weiß-Fernseher ohne Ton. Doch sobald wir in der Gegenwart sind, sobald es in unserem Kopf stiller wird, erstrahlt die Wirklichkeit wie auf einem hochauflösenden Farbbildschirm. Dann nehmen wir alle angenehmen, aber auch alle unangenehmen Empfindungen um vieles intensiver wahr.

Du kannst das gleich ausprobieren: Lass dir etwas Zeit, um wahrzunehmen, wie sich dein Körper gerade anfühlt. Nimm deinen Körper von innen wahr, spür deine Fußsohlen und die Innenflächen deiner Hände. Wie fühlen sie sich an, wenn du so wie jetzt dein Bewusstsein darauf richtest, und wie haben sie sich vorher angefühlt? Nimm den Raum wahr, in dem du dich gerade befindest. Welche Gegenstände siehst du links von dir und welche rechts? Wie ist die Luft, die dich umgibt? Warm, kalt, frisch, verbraucht? Du wirst feststellen, dass all diese Wahrnehmungen dir entweder gerade erst bewusst werden oder plötzlich viel intensiver wirken.

Unsere Sehnsucht nach einem Leben im gegenwärtigen Moment ist sehr stark. Es sind Hunderte von Büchern darüber geschrieben worden. In keinem Zufriedenheitsratgeber fehlt dieses Thema heute. Das Leben im Jetzt ist gerade so richtig „in". Neulich las ich den Werbespruch eines Mobilfunkanbieters: „Lebe jetzt, surfe sofort". Doch die vielen Bücher und Werbeslogans zeigen nur, wie weit wir heute von der Gegenwart entfernt sind, vielleicht so weit wie noch nie in der Menschheitsgeschichte. Denn wenn ich im Internet surfe, lebe ich gerade nicht im Hier und Jetzt, sondern ich beschäftige mich mit Informationen über vergangene oder zukünftige Ereignisse und verpasse wieder den gegenwärtigen Moment. Je verstandesdominierter eine Kultur ist, umso mehr haben sich die Menschen in ihr von der Gegenwart entfernt.

Die Gegenwart wirklich wahrzunehmen und in ihr zu sein, ist eine Fähigkeit, die wir von Kindern lernen können. Säuglinge und Kleinkinder sind einfach nur mit dem beschäftigt, was gerade ist. Und auch Grundschulkinder sind oft noch sehr im gegenwärtigen Augenblick, etwa wenn sie in ein Spiel vertieft sind. Im Laufe des Älterwerdens verliert sich die gegenwärtige Präsenz jedoch immer mehr.

Lass dir etwas Zeit, um dich an eine Situation aus deiner Kindheit zu erinnern, in der du einfach ganz und gar im Moment warst. Vielleicht hat deine Mutter dir als 5-jährige gerade ein Indianerkostüm angezogen und dir das Gesicht geschminkt? Vielleicht hat deine Oma dir ein Roggenbrot mit Zucker gemacht oder dein Vater hat dich im Hochsommer im Garten mit dem Gartenschlauch nass gespritzt? Wie alt warst du in der Situation, die dir gerade einfällt? Lass ein möglichst genaues Bild vor deinem inneren Auge entstehen. Vielleicht magst du für einen Moment die Augen schließen, um besser wahrnehmen zu können, wie es sich damals angefühlt hat, als es nur diesen einen Moment gab, dieser eine wache, frische Augenblick, der wie eine Ewigkeit wirkt und in dem es keinen Raum für Gedanken gibt?

Nicht nur Säuglinge und Kleinkinder leben größtenteils im gegenwärtigen Moment, sondern auch Tiere. Vielleicht kennst du Eckhart Tolle, der durch sein Buch „Jetzt. Die Kraft der Gegenwart“ auf der ganzen Welt bekannt geworden ist. Er empfiehlt uns, eine Katze vor einem Mauseloch zu beobachten, wenn wir lernen wollen, im Augenblick zu leben. Ich habe gerade die Katze unserer Nachbarn vor Augen: Jedes Haar, jede Zelle scheint im Hier und Jetzt zu sein. Ihr Blick ist hoch konzentriert, in ihm liegt eine absolute Wachheit. Die Katze kann scheinbare Ewigkeiten vor dem Mauseloch ausharren, ohne sich dort zu langweilen oder ihre Gegenwärtigkeit zu verlieren. Stell dir das Gegenteil vor: Eine Katze vor einem Mauseloch, die geistesabwesend, fahrig, nervös und unkonzentriert ist. Sie blickt erst hastig zur einen Seite, dann zur anderen. Zwischendurch läuft sie weg, kommt gleich darauf zurück und springt von einer Pfote auf die andere. Sie wird ungeduldig, auf ihrem Gesicht bilden sich Ärgerfalten und zwischendurch blickt sie unruhig auf ihr Handy. Eine solche Katze würden wir wahrscheinlich für krank halten, doch genau so leben wir den größten Teil unseres Lebens. Was wir keiner Katze wünschen würden, ist unser Alltag!

Anfängergeist

Anfängergeist bedeutet, einer Situation, einem anderen Menschen oder auch sich selbst frisch, neu und unschuldig begegnen zu können, so als wäre es das erste Mal. Jemand hat einmal gesagt, es sei wie ein „Gefühl einer ewigen Frische des Lebens.“ Kinder sind wahre Meister im Anfängergeist. Du brauchst nur mit einem kleinen Kind durch die Natur zu gehen und du lernst, was es bedeutet, den Dingen wirklich offen und neu zu begegnen. Mit ihren „Minutenschritten“ entdecken Kinder jede Kleinigkeit. Sie sind fasziniert von dem blauschwarz schimmernden Käfer am Wegesrand, der Ameisenstraße, die den Hang hinauf führt und der gelben Blüte, bis zu der sich die Ameisenstraße zieht. Die gelbe Blume landet nicht sofort in der Schublade: *„Das ist eine X-Blume, die erinnert mich an die Y-Blume, die ich neulich auf der Wanderung in Z gesehen habe."* Der Geist sagt auch nicht sofort: *„Kenne ich doch schon, damit muss ich mich nicht beschäftigen."* Sie wird vielmehr als das wahrgenommen, was sie ist, eine Blüte, die man neugierig entdecken kann. Der Anfängerblick ist wie ein offener, frischer Kinderblick. Nicht saftlos und gelangweilt, sondern kraftvoll und neugierig.

Anfängergeist bezieht sich aber nicht nur auf die Wahrnehmung unserer Sinne, sondern auch darauf, wie wir uns selbst und anderen Menschen begegnen. Leider betrachten wir uns selten mit dem Blick des Anfängergeistes. Im Laufe unserer Lebensgeschichte haben wir unsere Identität ausgebildet. Das bedeutet, wir haben gelernt, anderen und uns selbst eine Antwort auf die Frage zu geben, wer wir eigentlich sind. Nach einer gewissen Zeit der Identitätsbildung wissen wir dann sehr genau, wer wir sind und wer wir nicht sind: *„Ich bin 176 cm groß, intelligent, unmusikalisch, langsam, überkritisch, anpassungsfähig."*

Du kannst auch dazu eine einfache Übung machen: Bitte schreibe zu folgenden Sätzen jeweils drei Begriffe auf:

Ich bin … (Eigenschaftswörter)
Ich kann …
Ich mag …

Die Begriffe, die du gerade zusammengetragen hast, beschreiben deine Person, so wie du dich selbst siehst. Und sie beschreiben den Spielraum, den du dir selbst gibst und in dem du dich bewegen kannst. Wir stecken uns selbst in eine Schublade und schränken uns in unserem Entfaltungsspielraum ein. Die Brille, durch die wir uns betrachten, wird zu einer sich selbst erfüllenden Prophezeiung. Wir *werden* so, wie wir uns sehen. Mit hundert Eigenschaften, die wir in unsere Identität aufgenommen haben, schließen wir 10 000 andere aus. Auch dadurch fühlen wir uns oft unfrei. Und wenn wir uns einmal „neu" verhalten, nehmen wir das nicht einmal wahr. Vielleicht war jemand früher ein ängstlicher Mensch und hat dieses Selbstbild beibehalten, obwohl er schon seit einiger Zeit zunehmend mutiger wird.

Wir stecken nicht nur die Blumen am Wegesrand und uns selbst in solche vorgefertigten Schubladen, sondern zu allem Überfluss auch noch die Menschen, denen wir begegnen. Ein Klient hat mir einmal folgende Geschichte erzählt: Während seiner Schulzeit war er eher schüchtern, und es fiel ihm schwer, sich im Unterricht zu melden. Daher bekam er oft schlechte Noten für seine mündliche Beteiligung. Am Anfang eines neuen Schuljahres nahm er sich vor, sich in seinem Lieblingsfach Geschichte mindestens einmal pro Schulstunde zu melden, was ihm auch zunehmend besser gelang. Doch als es am Ende des Halbjahres Noten gab, bekam er wieder das ihm vertraute „ausreichend". Seine Lehrerin hatte ihn in die Schublade „schlechte mündliche Mitarbeit" gesteckt und hatte sein verändertes Verhalten gar nicht bemerkt. Der Lehrerin war es leider nicht gelungen, ihren Schüler mit dem Blick des Anfängergeistes zu betrachten – wie sollte sie auch bei 30 Schülern allein in dieser Klasse?!

Wir alle haben eine große Sehnsucht nach dem Anfängergeist. Wir wünschen uns, unsere Umgebung einmal nicht durch unseren Gedankenfilter wahrzunehmen. Und wir wünschen uns ebenso, dass wir von anderen Menschen nicht festgeschrieben werden, sondern dass man uns mit möglichst viel Offenheit und Unvoreingenommenheit begegnet. Viele Partnerschaften könnten einen solchen Anfängergeist gut gebrauchen. Beide Partner wünschen sich nichts sehnlicher. Sie leiden darunter, dass ihre Beziehung so „eingefahren" ist. Die Frische des Beginns ist irgendwann einer manchmal langweiligen Vertrautheit gewichen. Die Sehnsucht nach dem Anfängergeist ist sicher einer der Gründe, warum viele Menschen gerne reisen – vor allem in ferne Länder. Wenn wir an einem neuen Ort sind, ist vieles dort ja tatsächlich neu für uns. Je fremder die Kultur, umso staunender unser Blick, um so eher werden wir wieder zu Kindern, die mit großen Augen und offenem Mund das Neue förmlich aufsaugen. Dann ist ein Bummel über den Markt von Marrakesch ähnlich faszinierend für uns, wie es die ersten Schneeflocken waren, die wir als 3-jährige vom Küchenfenster aus beobachtet haben.

Erinnere dich daran, wie sich dieser Anfängergeist, diese reine und frische Wahrnehmung anfühlt. Wann hast du dieses Empfinden in letzter Zeit gehabt? War es auf einer Reise, in einem besonderen Augenblick oder einer speziellen Stimmung? Wenn dir keine Situation aus der Gegenwart einfällt, erinnere dich an den Anfängergeist, den du als Kind hattest. Wie war es beispielsweise, zum ersten Mal am Meer zu sein und im Sand zu spielen?

Je ruhiger es in unserem Kopf wird und je mehr Abstand wir von unseren Gedankenprozessen gewinnen, um so eher finden wir wieder Zugang zu unserer Unschuld und unserem Anfängergeist. Begegnen wir unserer Umgebung mit dem Blick des Anfängers, dann werden selbst die kleinen Dinge wieder zu großen Abenteuern. Wir sind dann mit wenig zufrieden und erleben unsere Umgebung viel intensiver. Wir sind dann außerdem in der Gegenwart, denn wir sind ja nicht mit verstaubten Konzepten beschäftigt, sondern mit dem, was gerade ist.

Freude

Freude ist eine Empfindung, die sehr viele Facetten hat: Es gibt eine laute Freude, die sich gerne ausdrückt und die mit Lebendigkeit und Energie verbunden ist. Kinder sind Weltmeister darin, ihre Freude zu zeigen und ganz in ihr aufzugehen. Sie strahlen bis über beide Ohren, sie lachen und machen Freudensprünge oder brechen in Freudenschreie aus. Kinder nehmen ihre Freude oft besonders körperlich wahr und können andere sogar mit ihrer überschwänglichen Ausgelassenheit anstecken. Eine andere Empfindung von Freude ist eher leise und ruhig. Sie ist mehr innerlich wahrnehmbar, muss aber nicht weniger intensiv sein. Jeder empfindet Freude auf seine eigene Art.

Vielleicht erinnerst du dich an eine Begebenheit aus deiner eigenen Kindheit, als du voller Freude warst: Die Vorfreude auf das Christkind, zum ersten Mal ohne Stützräder Fahrrad fahren, den Papa wiedersehen, der für einige Tage unterwegs war? Kinder erleben jeden Tag Dutzende Male sehr intensive Freude. Versuch dich an dieses Gefühl möglichst genau zu erinnern: die Lebendigkeit und Energie in deinem Körper, das vollkommene Erfülltsein mit diesem prickelnden und spritzigen Gefühl, nur Freude, nichts anders. Egal, ob wir eine schöne oder schwierige Kindheit erlebt haben, Augenblicke intensivster Freude kennen wir alle!

Es gibt so etwas wie eine „äußere Freude“, damit meine ich eine Freude, die durch Sinneskontakte ausgelöst wird. Wenn ich eine neue Wohnung suche und nach vielen Besichtigungen schließlich meine Traumwohnung mit tollem Balkon und zu einem erschwinglichen Preis gefunden habe, dann freue ich mich natürlich darüber. Diese Freude ist wunderbar, und wenn sie kommt, dürfen wir sie in vollen Zügen genießen. Sie ist aber von äußeren Ereignissen abhängig. Wenn die Sonne scheint, geht es mir gut, wenn es regnet, geht es mir weniger gut.

Daneben gibt es eine andere Form der Freude, die wir „innere Freude“ nennen können und die nicht durch äußere Begebenheiten bestimmt ist, sondern die sozusagen „grundlos" ist. Diese Vorstellung steht natürlich im absoluten Gegensatz zur westlichen Konsumgesellschaft, die uns suggeriert, dass wir durch Konsum, durch materielle Güter oder durch Vergnügungen verschiedenster Art zu einem glücklichen Leben finden können. Doch der dadurch verursachte Spaß ist meistens von kurzer Dauer. Da war beispielsweise die Vorfreude auf den neuen iPod oder die neue Cappucchino-Maschine groß, doch schon nach Stunden oder sogar nach Minuten ist sie schon wieder verflogen. Unser Geist hatte geglaubt: „*Wenn ich erst dieses oder jenes habe, dann werde ich glücklicher sein*", doch wenn das Glücksgefühl dann nach kurzer Zeit schon wieder abklingt, sucht unser Geist sein Glück gleich wieder in etwas Neuem: „*Nein, es war doch nicht die Cappucchino-Maschine, die mich glücklicher macht. Aber wenn ich nur endlich mal wieder einen tollen Urlaub machen würde, dann ginge es mir viel besser!*"

Viele Menschen erleben sehr selten die spontane innere Freude, die dann auftaucht, wenn es in uns stiller wird und wir wirklich im Hier und Jetzt sind. Daher glauben sie, dass Freude nur durch äußere Ereignisse zu gewinnen sei, und sie versuchen, die Umstände so zu verändern, dass sich Freude einstellt. Doch meistens stellt sich dann nur ein kurzfristiger Spaß oder ein flüchtiges Vergnügen ein.

Wenn wir uns wirklich freuen, sind wir einfach im gegenwärtigen Moment. Wir haben keine Gedanken, es gibt keine Beurteilung, kein: „*Wie wirke ich auf andere?*" kein: „*Das ist jetzt aber ein bisschen übertrieben, komm wieder auf den Teppich!*" Unser innerer Kritiker und unser Antreiber machen eine kurze Pause und schon genießen wir das Leben. Hören wir also auf, die Ursachen für Freude in erster Linie in unserer äußeren Lebenssituation zu suchen und gewinnen wir einen neuen Zugang zu unserem eigentlichen Wesen. Wir können uns dann plötzlich über „nichts" freuen: über die Sonne, über den Regen, über unseren Atem, über das Licht, über das Leitungswasser … Ein spiritueller Lehrer berichtete von seiner Freude darüber, dass morgens Wasser aus seiner Wasserleitung kommt: „Das Wasser hat die ganze Nacht auf mich gewartet, unglaublich oder?"

Es gibt eine sehr schöne Übung, die uns helfen kann, wieder mehr Zugang zu unserer inneren Freude zu finden. Sie wird „Das innere Lächeln" genannt. Dazu kannst du die Augen schließen und auf deinem Gesicht ein inneres feines Lächeln entstehen lassen. Du kannst deine Gesichtsmuskeln fast unmerklich so bewegen, dass sich ein Lächeln auf dein Gesicht legt. Das Besondere am inneren Lächeln ist, dass es nach außen fast unsichtbar ist. Wir bewegen unsere Mundwinkel also nicht bis zu einem Lachen, sondern nur zu einer winzigen Andeutung eines Lächelns. Um das innere Lächeln entstehen zu lassen, kannst du dir eine schöne Begebenheit vorstellen, wie beispielsweise einen Sonnenuntergang oder einen schönen Sandstrand. Wenn dir das innere Lächeln gelingt, kannst du damit experimentieren, wie du dich mit diesem Lächeln fühlst und wie es dir ohne es geht. Die meisten Menschen schildern, dass sie allein durch diese unmerkliche Bewegung heiterer und freudvoller werden.

Annehmen

Eine der größten Sehnsüchte von uns Menschen ist es, von anderen so angenommen zu werden, wie wir sind. Von Erasmus von Rotterdam stammt das schöne Zitat: „Der Kern des Glücks ist, der sein zu dürfen, der wir wirklich sind." Als Säuglinge und Kleinkinder haben wir fast alle die bedingungslose Liebe unserer Eltern erfahren. Wir waren liebenswert, genau so, wie wir waren. Später wurde daraus meistens eine bedingte Liebe: Nur wenn du pünktlich ins Bett gehst oder brav mit deinen Geschwistern spielst, dann verdienst du die Liebe deiner Mutter. So oder ähnlich lautet auch heute noch oft die ausgesprochene oder unausgesprochene Botschaft von Eltern. Aus diesen Erfahrungen erwuchsen die Stimmen unseres inneren Kritikers und seiner Begleiter. Ihre Botschaft ist: *„Du musst anders sein, nur dann bist du liebenswert.“*

Annahme bedeutet stattdessen, anzuerkennen, was ist, ohne es zu bewerten und ohne es sofort ändern zu wollen. Wir können uns selbst so annehmen, wie wir sind, wir können andere Menschen annehmen und wir können Situationen annehmen, die anders sind, als wir sie gerne hätten. Wenn wir aufhören gegen das, was ist, zu kämpfen, kann sich in uns eine große Entspannung ausbreiten. Ich mache diese Erfahrung fast täglich während meiner Sitzmeditation, die ich seit einigen Jahren praktiziere. Oft sitze ich am Morgen auf meinem Kissen und habe Empfindungen, die ich am liebsten sofort loswerden würde: Ich fühle mich müde, nehme eine Verspannung in meinen Schultern wahr oder ich spüre eine innere Unruhe. Nicht selten gibt mein Geist Kommentare wie: *„Warum bist du denn schon wieder so verspannt? Und diese Unruhe, jetzt konzentrier dich richtig auf die Meditation, dann wird die schon gehen.“* Die Unruhe geht aber nicht weg, sondern wird durch meine inneren Stimmen wohl nur noch stärker. Meistens braucht es eine ganze Zeit, bis aus diesem „Nein“ endlich ein „Ja“ wird und ich meine Empfindungen zulassen und annehmen kann: *„Ja, ich bin gerade verspannt. Ja, ich bin gerade unruhig.“* Danach passiert etwas Sonderbares: Ich fange an zu gähnen und durch meinen Körper geht ein Entspannungsseufzer. Und ich spüre, wie ich wacher und heiterer werde.

Jeder von uns hat schon erlebt, irgendwann eine Eigenschaft von sich selbst akzeptieren zu können, gegen die er lange vorher angekämpft hatte. Lass dir einen Moment Zeit, um solche Erfahrungen aus deinem eigenen Leben aufzuspüren. Vielleicht konntest du lange eine Eigenschaft deines Körpers nicht annehmen, eine bestimmte „Macke“ von dir oder eine Situation, die sich nicht mehr ändern ließ?

▶

Annahme hat verschiedene Stufen. Es beginnt damit, eine Situation oder eine Eigenschaft überhaupt anzuerkennen, also sich einzugestehen, dass es ist, wie es ist, auch wenn ich das ganz und gar nicht gut finde. Nehmen wir als Beispiel einen Menschen, der verschuldet ist. Es hilft ihm nichts, seine Schulden zu ignorieren und die Briefe mit den Mahnungen und Zahlungsaufforderungen nicht mehr zu öffnen – dann wird alles nur noch schlimmer. Es hilft ihm auch nichts, wütend über sich selbst zu werden, wie er sich nur in eine solche Situation bringen konnte – dann leidet er nicht nur unter seinen Schulden, sondern auch noch unter seinen Selbstvorwürfen. Die einzig hilfreiche Strategie ist anzuerkennen, wie es ist: Ich habe 40 000 Euro Schulden und ich kann sie momentan nicht zurückzahlen. Nur durch das Anerkennen dieser Tatsache kann sie anschließend verändert werden.

Nun kann ich auch eine Situation anerkennen, zu der ich innerlich „Nein“ sage. Das ist noch keine wirkliche Annahme. Sie beginnt, wenn ich entspannt sagen kann: „Ja, genau so ist es.“ Das bedeutet aber überhaupt nicht, dass ich die Situation gut oder richtig finden muss, sie darf nur einfach so sein, wie sie ist. Ich muss es beispielsweise nicht gut finden, dass ich schlechte Zähne habe und immer wieder zu unangenehmen Behandlungen zum Zahnarzt muss. Ich muss es auch nicht gut finden, dass mein Arbeitskollege mehr Geld verdient als ich, obwohl er eine schlechtere Arbeit macht. Aber ich kann aus einer inneren Erfahrung sagen: Es ist so, wie es ist, und es darf so sein, wie es ist.

Annahme hat in unserer vom Geist dominierten Kultur einen eher schlechten Ruf und wird oft mit Passivität oder Resignation gleichgesetzt. Dabei meint Annahme überhaupt nicht, nichts an der gegenwärtigen Situation zu ändern und passiv in ihr zu verharren. Ich nehme die Situation wahr, erkenne sie an, wie sie ist, und entscheide dann, ob es sinnvoll ist, zu handeln. Ich handle aber dann nicht mehr aus einer Energie der Ablehnung, des Grolls und der Unzufriedenheit heraus. Wenn ich in einem Stau stehe, hilft es nichts, mich darüber aufzuregen, wie überfüllt die Straßen wieder sind oder warum ich nur auf die Autobahn gefahren bin, ich hätte es doch besser wissen müssen. Sinnvoll ist vielmehr, ruhig durchzuatmen, mich von meinem aufgeregten Geist nicht aus der Ruhe bringen zu lassen und dann zu entscheiden, ob ich bei der nächsten Ausfahrt die Umleitung benutze oder nicht. Das kann ich ganz ohne Ärger tun, ohne Kampf, Selbstvorwürfe und Selbstmitleid, sondern mit Klarheit und Bestimmtheit. Ich nutze meine Energie dann sogar viel gezielter dafür, die Situation zu verändern, anstatt mich über sie aufzuregen.

In meiner Psychotherapieausbildung in den 1990er Jahren wurde ich vor allem darauf trainiert, Menschen dabei zu helfen, in ihrem Leben etwas zu *verändern.* Erst seit einigen Jahren öffnen sich moderne Psychotherapiemethoden für die Einsicht, wie wichtig es ist, das, was ist, zunächst einmal *anzunehmen.* Das sogenannte Änderungsparadox besagt: Du kannst nur die Dinge verändern, die du zuvor angenommen hast. Was wir nicht zulassen und annehmen können, dagegen kämpfen wir. Aber dadurch wird es nicht schwächer, ganz im Gegenteil: Was wir ablehnen, wird durch unsere Ablehnung nur noch stärker. Beispielsweise ist es kein Problem, wenn jemand eine lange Nase hat. Das Problem entsteht erst dann, wenn er sich eine kurze wünscht. Vorher gab es kein Problem. Vielleicht war es im Gegenteil sogar so, dass alle anderen seine Nase schön und markant fanden.

Annahme geht sogar so weit, ja zu Dingen zu sagen, die uns zunächst fast unerträglich erscheinen. Viele Menschen, die in ihrem Leben eine schwere Krankheit oder einen großen Schicksalsschlag erlitten haben, haben die zunächst unglaubliche Erfahrung gemacht, dass sich die „Wirklichkeit" verändert, wenn ihnen dieses „Ja" gelingt. Einer von ihnen ist Arnold Beisser, ein amerikanischer Psychotherapeut, der mit 25 Jahren an Kinderlähmung erkrankte und fast vollständig gelähmt war. Später schrieb er über seine Erfahrungen ein Buch mit dem Titel „Flying without Wings".[3] Er schrieb: Als ich aufhörte zu kämpfen und an einer Änderung zu arbeiten, als ich Wege fand anzunehmen, wie ich bereits geworden war, entdeckte ich, dass ich mich gerade dadurch veränderte. Anstatt mich behindert oder unzulänglich

3 Arnold Beisser, *Wozu brauche ich Flügel?* Hammer Verlag, Wuppertal 1997

zu fühlen, wie ich befürchtet hatte, fühlte ich mich wieder ganz. Ich erlebte ein Wohlbefinden und eine Fülle, die ich zuvor nicht gekannt hatte.

Geschehen-Lassen

Ich habe vor Kurzem eine interessante Studie gelesen: Forscher hatten untersucht, wie sich ein Torwart bei einem Elfmeterschießen am besten verhalten sollte. Dazu wurden fast 300 Fußballspiele unter die Lupe genommen. Meistens waren die Torwarte in eine Ecke des Tores gesprungen, ganz so, wie man das wohl erwartet. Doch die Wissenschaftler kamen zu dem Ergebnis, dass die Torwarte viel mehr Elfmeter hätten halten können, wenn sie stattdessen einfach in der Mitte stehen geblieben wären. Die Forscher waren der Meinung, die Torwarte wollten nicht als faul gelten und würden deshalb in die Torecken springen, obwohl dieses Verhalten meistens überhaupt nicht sinnvoll ist.

Die Studie zeigt, dass wir manchmal gar nicht so viel tun müssen. Wir können einen einfachen Weg gehen, indem wir mit dem Strom des Lebens schwimmen. Wir können auch einen schwereren gehen, nämlich gegen den Strom des Lebens anzukämpfen. Leider wählt unser Geist gerne den zweiten Weg, denn er ist ein regelrechter Macher-Typ. Er möchte unser Leben voll im Griff haben, er plant gerne, er organisiert, sieht voraus und strengt sich ziemlich an, um all die Probleme zu lösen, die er sich ja meistens vorher selbst ausgedacht hat. Etwas geschehen zu lassen ist für ihn schwierig, weil er dann die vermeintliche Kontrolle über die Situation und über das Leben aufgeben müsste. Unser Geist hat einfach Angst: Er glaubt, wenn er nicht alles im Griff hat, passieren schreckliche Dinge. Er hat kein Vertrauen in das Leben, er traut nur sich selbst. Daher gibt es für ihn fast nichts Schwierigeres, als sich dem Fluss des Lebens anzuvertrauen. Unser innerer Beschützer wird zahllose Argumente finden, warum diese Form der Hingabe nicht funktionieren kann oder sogar riskant ist.

Etwas geschehen zu lassen bedeutet nicht: Ich vertraue darauf, dass etwas so wird, wie ich es haben möchte. Es ist keine Wunschparade ohne Eigenbeteiligung. Es bedeutet vielmehr: Die Dinge dürfen so sein, wie sie sind, auch wenn sie nicht so sind, wie ich sie gerne hätte. Denn dieses Ich, das sich etwas wünscht, ist unser Geist, der ganz genau zu wissen meint, was wir brauchen. Aber gar nicht so selten irrt er sich und manchmal wünscht er sich sogar etwas, was für uns eigentlich sehr schädlich wäre. Loszulassen bedeutet daher, auch anzuerkennen, dass wir oft gar nicht wissen, was für uns eigentlich gut ist. Ist es wirklich gut, noch ein Stück Sahnetorte zu essen, nur weil wir den Gedanken haben: *„Die ist so lecker, noch ein Stück schadet nicht.“* Geschehen lassen bedeutet auch nicht zwangsläufig, passiv zu werden und gar nichts mehr zu tun. Wir haben aber nicht alles bis ins kleinste Detail durchgeplant und wir können noch spontan auf die Situation reagieren. Wir wissen dann nicht jeden Freitagabend, was wir am Samstag machen werden, sondern wir entscheiden am Samstag, wonach uns eigentlich ist. Oft „ergeben“ sich dann die Dinge wie ohne unser Zutun. Wir haben keine Kultur des Geschehen-Lassens entwickeln können oder haben sie im Laufe der Zeit wieder verloren. Meistens werden wir schon aktiv, bevor etwas geschehen kann. So erfahren wir kaum noch, dass sich die Dinge auch ohne unser Zutun gefügt hätten.

Wenn unser Geist sich entspannt, wird seine Macher-Energie schwächer und wir können aufatmen. Wir machen dann eine wirklich seltsame Erfahrung: Vieles in unserem Leben muss gar nicht geplant und gemacht werden, sondern es geschieht von alleine, jedenfalls solange wir uns diesem Prozess nicht in den Weg stellen. Das fängt schon bei kleinen, aber sehr wichtigen Dingen an, dem Einschlafen beispielsweise. Wenn wir uns alle Mühe geben, einzuschlafen, bleiben wir nur besonders lange wach. Unser Wollen bringt ganz und gar nichts. Oder auch beim Sex: Richtig guten Sex haben wir nicht, wenn wir die Liebesstunden von vorne bis hinten durchplanen. Bücher mit Titeln wie „1001 Tipp für erfolgreichen Sex“ bringen uns nur in den Kopf und nicht in den Körper. Guten Sex können wir nicht machen, sondern er geschieht, und zwar dann, wenn wir loslassen, wenn unser Kopf nicht länger Regie führt, sondern wir uns gemeinsam mit unserem Partner oder unserer Partnerin dem Rhythmus der Bewegungen und Empfindungen des Körpers hingeben können.

Es gibt ein wunderschönes Bild, das umschreibt, wie nicht wir unser Leben leben, sondern das Leben uns sozusagen lebt: Wir sind wie eine Flöte, auf der das Leben sein Lied spielen möchte. Wir brauchen die Flöte gar nicht selbst zu spielen, wir müssen nur dafür sorgen, dass sie gut geputzt ist und das Leben durch sie hindurchströmen kann. Wir sind sogar sehr schlechte Flötenspieler. Wenn wir selbst zu spielen versuchen, kommt meistens nicht viel Gutes dabei heraus. Unser Spiel wirkt oft angestrengt, wie „gemacht“, es ist nicht wirklich natürlich und spontan. Wenn wir dem Leben, der Existenz das Spiel überlassen, klingt die Musik gleich ganz anders.

Wie können wir bei den kleinen Dingen des Lebens mehr Geschehen-Lassen in unseren Alltag bringen? Der Kopf sagt vielleicht: *„Heute Abend möchte ich in dieses ganz spezielle Restaurant, dort gibt es die allerbeste Pasta.“* Wenn du dann am Abend vor dem überfüllten Restaurant stehst und feststellst, dass du vergessen hast zu reservieren, kannst du die Gelegenheit gleich für eine gute Übung nutzen. Erlaube deinem Geist nicht, eine Geschichte daraus zu machen: *„Der ganze Abend ist ruiniert, nur dort wäre es so richtig schön gewesen …“*, sondern lass dich treiben und sei neugierig und offen dafür, was passieren wird und wo du landen wirst. Wenn du wirklich offen bist, kann gar nichts Schlimmes passieren. Neulich habe ich mit einem Bekannten, der bei mir zu Besuch war, eine spannende Erfahrung gemacht: Da er noch nie bei mir war, wollte ich ihm eigentlich eine kleine Stadtführung geben. Wir hatten dann aber die Idee, er könnte mich durch die Stadt führen, statt ich ihn. Und so führte er mich dann zwei Stunden durch eine Stadt, in der er noch nie gewesen war. An jeder Kreuzung entschied er, wo es weitergehen sollte. Wir hatten einen unglaublichen Spaß miteinander und ich sah Dinge in meiner eigenen Stadt, die mir nie zuvor aufgefallen waren!

Verlangsamung

Die westliche Kultur des 21. Jahrhunderts ist eine schnelle Kultur. Unsere Mutter Erde hat wohl noch nie die Menschen so hektisch und getrieben auf ihr herumrasen sehen, wie in der heutigen Zeit in Mitteleuropa, Nordamerika und einigen anderen Staaten. Unser ganzes Leben hat sich beschleunigt. Wir gehen schneller, essen schneller, arbeiten schneller, lieben schneller. Für die Beschleunigung der letzten Jahrzehnte zahlen wir einen sehr hohen Preis. Fast alle Zivilisationskrankheiten wie Bluthochdruck, Übergewicht oder Depression sind ganz oder teilweise auf unseren immer hektischeren Lebensrhythmus zurückzuführen.

Diese Beschleunigung ist Ausdruck eines zu aktiven Geistes. Wenn wir uns genau beobachten, stellen wir das an uns selbst fest: Je schneller unser Geist arbeitet, um so schneller sind unsere Bewegungen, unsere Sprache und oft auch unser Atem. Wir sind gedanklich schon mit dem Einkaufen am Nachmittag beschäftigt, während wir noch am Mittagstisch sitzen. Also kauen wir flotter, schließlich haben wir am Nachmittag ja noch einiges zu erledigen. Stress bedeutet, dass wir an einem anderen Ort sein möchten, als da, wo wir uns gerade befinden. Ich sitze noch bei meinem Hausarzt im Wartezimmer und sollte schon längst meine Tochter von der Klavierstunde abgeholt haben. Also werde ich unruhig, ich schaue immer öfter auf die Uhr und sogar meine Stimmung wird immer schlechter.

Verlangsamung, Entschleunigung bedeutet ganz und gar nicht, im Schneckentempo durch die Welt zu schleichen. Der entscheidende Punkt ist: Wir *müssen* nicht mehr ständig schnell sein. Wir können wieder entscheiden, welches Tempo gerade angemessen ist. Dabei werden wir dann allerdings feststellen, dass unsere Eile in vielen Situationen nicht nur schädlich, sondern auch unnötig ist. Wir sind nicht mehr innerlich getrieben und rennen deshalb durch die Welt, sondern wir sind langsam, weil wir gerade die Langsamkeit genießen, oder wir sind schnell, weil es uns gerade sinnvoll erscheint.

Viele Menschen haben eine große Sehnsucht danach, dass ihr Leben langsamer wird. Sie nehmen es sich immer wieder vor, sich mehr Zeit für alles zu lassen. Doch dann schaltet ihr ruheloser Geist wieder in den Autopiloten, und die alte Eile ist wieder da. Vor Kurzem habe ich von einer Umfrage gelesen. Passend zum Jahresanfang wurden die Menschen befragt, was sie sich für das neue Jahr vorgenommen haben. Als Erstes wurde genannt: Sich weniger Stress machen. Wie kann es sein, dass sich so viele Menschen ein entspannteres Leben vornehmen und unser Alltag gleichzeitig immer rasanter und ruheloser wird?

Unser ruheloser Geist tut sich schwer mit Verlangsamung. Du kannst das ganz einfach herausfinden, indem du dir vornimmst, in den nächsten 15 Minuten deine gesamten Tätigkeiten zu verlangsamen und dabei zu beobachten, wie dein Geist darauf reagiert. Geh langsamer, mach kleine Pausen, lass dir Zeit mit dem Teetrinken. Mögliche innere Kommentare können sein: *„Du hast noch so viel zu tun. Du vergeudest deine Zeit. Wenn du das, was du zu tun hast, nicht bald erledigst, wird etwas Schlimmes passieren.“* Nicht alle Menschen haben diesen Zeit-Antreiber in sich, aber er ist bei sehr vielen von uns zu beobachten. Wir werden von unserem ruhelosen Geist dazu getrieben, schneller und mehr zu leisten. Schließlich stinkt Faulheit, und Müßiggang ist aller Laster Anfang.

Wenn unsere Gedanken weniger werden und wir mehr Abstand von ihnen gewinnen, geschieht die Entschleunigung wie von selbst. Damit einher geht eine viel intensivere und differenziertere Wahrnehmung unserer Realität. Vielleicht machst du einmal das Experiment, ein Stück Obst, ein Stück Schokolade, oder was dir schmeckt, zunächst schnell zu essen, und das nächste Stück ganz langsam und achtsam mit deiner ganzen sinnlichen Aufmerksamkeit. Das Zweite wird natürlich viel intensiver schmecken als das Erste. Eine andere Übung kannst du gleich heute bei deiner nächsten Mahlzeit ausprobieren: Leg zwischen jedem Happen dein Besteck beiseite und nimm es erst wieder zur Hand, wenn dein Mund leer ist. Du wirst feststellen, dass dein Essen zu einem Fest wird!

Weite und Raum

„Ich fühle mich wie ein Hamster im Laufrad“, „Ich möchte endlich mal wieder richtig durchatmen können“, „Ich bin so verspannt, im Brustkorb fühlt sich alles so eng an.“ So oder ähnlich klingt es, wenn wir Weite und Raum in unserem Leben vermissen. Wir erleben uns eingesperrt in unserem Alltag, in Routine und Hektik. Und das spüren wir auch körperlich in Form von Druck- und Engegefühlen, vor allem im Brustbereich, und Verspannungen, etwa in den Schultern und im Nacken. Außerdem ändert sich unser Atem. Oft erleben wir ein Engegefühl im Brustraum und unser Atem wird flach oder stockend.

Doch das Leben kann sich auch ganz anders anfühlen, nämlich weit, offen und frei. Auch solche Phasen kennt jeder von uns. Vielleicht magst auch du die Berge oder das Meer, weil du das Empfinden von Freiheit und Offenheit eher erlebst, wenn du auf einem Gipfel stehst oder auf das weite Meer hinausschaust. Im Urlaub oder in längeren Entspannungsphasen macht sich dieses Empfinden eher breit als in Phasen, in denen wir sehr gefordert sind. Aber manchmal kommt es auch einfach so, ganz von alleine. Plötzlich sieht die Welt ganz anders aus. Was sich gerade noch eng und schwer anfühlte, wird dann leicht und weit. Und auch das spüren wir in unserem Körper: Dann gibt es ein Gefühl von Ausdehnung. Wir nehmen unseren Körper vielleicht kraftvoller wahr und der Brustraum fühlt sich weiter an. Wir tun dann den berühmten Entspannungsseufzer, ein von einem befreienden Ton begleitetes langes Ausatmen, das uns wieder mehr Raum und Freiheit verschafft.

Gewöhnlich glauben wir, die äußere Situation entscheide darüber, ob wir das Empfinden von Weite und Raum haben oder nicht. Doch ganz so einfach ist es nicht, denn dieses Empfinden hat oft weniger mit den äußeren Umständen zu tun, als damit, wie unser ruheloser Geist diese einschätzt und was er aus ihnen macht. Zwei verschiedene Menschen können in exakt derselben Situation sein. Der eine empfindet sie als leicht und weit, der andere als eng und schwer. Unser Geist erschafft sich eben seine Wirklichkeit.

Überhaupt tendiert unser Geist dazu, sich eine enge Welt zu erschaffen. Er ist nicht gerade ein Freund der Weite. Seine Art zu sehen ist wie der Blick durch ein Fernrohr oder auch durch einen Tunnel. Betrachte ich die Welt mit dem „Tunnelblick", so bin ich fixiert auf einen sehr kleinen Ausschnitt der Wirklichkeit. Wir sind sehr oft in diesem Tunnelblick gefangen. Bei einem Streit wissen wir genau, wer der Schuldige ist. Wenn es uns irgendwo nicht gefällt, können wir die schönen Seiten des Ortes nicht mehr sehen. Wenn wir glauben, uns in einer ausweglosen Situation zu befinden, werden wir blind für die Lösung, die vielleicht so nahe liegt. Wenn uns jemand kritisiert, gleichzeitig aber auch angenehme Dinge über uns sagt, fixieren wir uns zumeist auf die Kritik, alles andere nehmen wir nicht mehr wahr.

Das Gegenteil vom Tunnelblick können wir „Panoramablick" nennen. Sehen wir mit dem Panoramablick auf uns und die Welt, sehen wir nicht nur das Naheliegende, sondern auch das weiter Entfernte. Wir sehen nicht nur die Details, sondern bewahren den Überblick und sind weniger verwickelt. Mit einem Panoramablick können wir beispielsweise sehen, dass auch schwierige Situationen etwas Gutes haben und eine Chance in sich bergen. Wir bewerten und beurteilen weniger, weil wir uns nicht mehr aufgrund weniger Details einen Eindruck bilden, sondern einen Menschen oder eine Situation mit ihren verschiedenen Seiten wahrnehmen können. Oft betrachten wir eine Begebenheit mit dem Tunnelblick, wenn wir *in* der Situation sind. Wenn etwas Zeit vergangen ist, können wir die gleiche Situation mit dem Panoramablick betrachten. „Erst sah das ja alles so dramatisch aus. Aber nachher habe ich gesehen, dass es ja gar nicht so schlimm war." Dann weicht der Tunnelblick einer neuen Offenheit.

Wir können diesen Panoramablick üben und zwar sowohl in unserer visuellen Wahrnehmung als auch bei der Betrachtung von Situationen oder vermeintlichen Problemen. Lass dir etwas Zeit, um genau zu betrachten, was du gerade vor dir siehst, und zwar zunächst mit dem Tunnelblick. Meistens fixieren wir uns dabei auf ein Detail. Du siehst vielleicht einen bestimmten Gegenstand oder bleibst beim Blick aus dem Fenster hängen. Als Nächstes betrachte das, was du vor dir siehst, mit deinem Panoramablick. Betrachte nicht nur die Mitte deines Gesichtsfeldes, also was deine Augen ohne eine Bewegung deines Kopfes zu sehen vermögen, sondern auch, was du an den Seiten wahrnehmen kannst. Du wirst wahrscheinlich feststellen, dass deine Wahrnehmung dabei voller oder kompletter wird und sich der Raum um dich größer anfühlt. Du siehst vielleicht Gegenstände, die du davor gar nicht wahrgenommen hast, und möglicherweise erscheint dir die Szenerie um dich herum sogar auf eine sonderliche Weise wie neu.

Dasselbe kannst du mit einem Problem ausprobieren. Erinnere dich an eine aktuelle Schwierigkeit, vielleicht einen Streit mit einem anderen Menschen oder eine Aufgabe, die dir bevorsteht und etwas unangenehm ist. Und dann betrachte die Situation zunächst mit deinem Tunnelblick und schau, auf welches Detail du dich dabei fixierst. Vielleicht ist er mit einer bestimmten Äußerung deines Gegenübers beschäftigt: *„Also, was der da zu dir gesagt hat, einfach unmöglich!“* oder er kreist immer wieder um eine Idee, wie sich die schwierige Situation verändern ließe. Nun kannst du dir dieselbe Schwierigkeit mit deinem Panoramablick anschauen: Was gehört noch alles zu dieser Situation dazu, was du bisher nicht oder nur unzureichend wahrgenommen hast? Vielleicht fällt dir zu der Herausforderung nicht nur ein, wie schwierig die Situation sein könnte, sondern wie du eine ähnliche Situation bewältigt hast, oder wer dir dabei helfen könnte. Oft kommen wir der „Lösung“ einer schwierigen Situation allein durch den Wechsel in den Panoramablick schon viel näher.

Inseln der Wachheit

Wir alle kennen die Welt hinter dem ruhelosen Geist. Wir alle haben immer wieder Zugang zu unseren sonst verborgenen Fähigkeiten und Qualitäten. Das können kurze Momente sein, die nur einige Sekunden dauern, manchmal erstrecken sie sich auch über eine längere Zeit. Für die meisten Menschen sind das ganz besondere Augenblicke. Ohne diese Inseln der Wachheit hätten wir uns schon längst umgebracht, meinte einmal ein moderner Meditationslehrer. Unser Leben wäre ohne diese Momente fast unerträglich, denn in einer Fabrikhalle mit einer lärmenden Maschine zu leben ist nicht gerade ein Vergnügen.

Menschen umschreiben das Ruhigwerden ihrer Gedanken auf verschiedene Art und Weise. Jemand sagt: „Mir geht das Herz auf", jemand anderes sagt: „Plötzlich gibt es gar keine Probleme mehr!" und wieder jemand anderes meint: „Wenn ich in der Natur bin, ist alles gut". All diese Formulierungen beschreiben ein und dasselbe: Unser Denken ist ruhiger geworden und schon sieht die Welt anders aus, weit, frei und freundlich. Dann ist alles gut, so wie es ist.

Manchmal setzt unser Denken für einen Moment sogar ganz aus und unser Blick wird wieder so frisch wie der eines Kindes. Neulich ging ich am frühen Morgen durch die Fußgängerzone und an einer Ecke spielte ein schlanker, älterer Mann auf einer Holzflöte. Ich war schon an ihm vorbei gegangen, als seine Flötenmusik mich plötzlich in den Bann zog. Die Töne wirkten so klar und frisch, sie schienen ohne Filter in mich einzudringen und mich zu umspielen. Alles war unbeschreiblich intensiv: der Anblick des Musikers, die Gasse, in der er stand, die noch frische Morgenluft. Was ich da erlebte, war eine Insel der Wachheit. Mein Denken setzte für einige Sekunden aus, und plötzlich wirkte die Welt um mich herum viel reiner und intensiver. Am nächsten Morgen ging ich absichtlich wieder durch die Fußgängerzone und wieder stand der Flötenspieler an seiner Ecke. Aber diesmal war mein Geist aktiver als am Tag vorher, ich hatte viel zu erledigen und war auf dem Weg zu meinen Terminen. Und die Szene von gestern war eine vollkommen andere: Der Mann sah aus wie ein ganz normaler Musiker, die Gassen sahen so gewöhnlich aus wie immer und die Flötentöne schienen wie aus der Ferne zu kommen.

Inseln der Wachheit können wir nicht machen, sie *ereignen* sich vielmehr. Spirituelle Lehrer sprechen davon, dass sie eine Gnade sind, wir sie sozusagen geschenkt bekommen. Aber es gibt durchaus Umstände, die den Zugang zu dieser Ebene erleichtern. In der Wüste werden die meisten Pflanzen nicht gedeihen, in einem Gewächshaus entfalten sie ihre wahre Schönheit. Ein solches „Gewächshaus für wache Augenblicke" kann für jeden von uns etwas anderes sein. Oft fällt es uns in der Natur leichter, auf langen Spaziergängen oder in der beruhigenden Atmosphäre einer Kirche. Alle Wesen, die mehr in der Gegenwart sind, haben auf uns eine sehr beruhigende Wirkung, denn unser Geist kann sich in ihrer Anwesenheit entspannen. Daher genießen die meisten Menschen die Anwesenheit von Kindern, von Tieren oder von Pflanzen. Viele Menschen berichten, dass Joggen oder andere Ausdauersportarten bei ihnen bewirken, dass ihr ruheloser Geist still wird. Besonders oft werden genannt:

- Singen
- künstlerisch tätig sein, Kreativität wie Malen, Schreiben
- in der Natur sein
- Bewegung, Sport, starke körperliche Beanspruchung
- Musik machen oder hören
- Zusammensein mit Kindern oder Tieren
- Sexualität

Viele Menschen kennen nicht nur kurzfristige Augenblicke der Wachheit, sondern auch längere Lebensphasen, in denen der Zugang zu dieser Ebene für sie leichter war. Oft sind das jene Zeiten, die wir später als die schönsten unseres Lebens bezeichnen. Und dies, obwohl in diesen Phasen meistens gar nichts Spektakuläres passiert ist oder die äußere Situation noch nicht einmal besonders angenehm war. Manchmal treten solche Inseln der Wachheit in besonders schwierigen Lebensphasen sogar häufiger auf als gewöhnlich. Viele Menschen, die schwere Verluste erlebt haben oder mit einer gefährlichen Krankheit konfrontiert waren, berichten genau davon.

Neulich schilderte ein Klient, der gewöhnlich von seinem inneren Antreiber geplagt wird, eine solche Erfahrung: Er war bei stürmischem Wetter mit seinem Kanu auf dem See gewesen und bei 13 Grad kaltem Wasser gekentert. Zwei Stunden hatte er sich an sein Boot geklammert, bevor er schließlich entdeckt wurde und Hilfe kam. Beinahe wäre er bei diesem Unglück ums Leben gekommen. In der nächsten Therapiestunde schilderte er, dass er seitdem ein Gefühl von Frieden und Gelassenheit habe. Er gehe seine Arbeit viel konzentrierter und ruhiger an als üblich. Was war passiert? Sein innerer Antreiber war plötzlich wie verschwunden. Er verspürte ein Gefühl von Kraft, Weite und Verbundenheit. Im Angesicht existentieller Gefahr zählte nur noch „Ich habe überlebt, ich bin da". Aufgaben und Ziele, die vorher so wichtig erschienen, verblassten plötzlich. Im Angesicht der Bedrohung verstummte sein Geist für eine Weile.

Viele Menschen, die sich in sehr gefährlichen Situationen befunden haben, berichten auch davon, dass im Augenblick der Gefahr ihr Geist wie ausgeschaltet war und sie wie von einer anderen Kraft dirigiert wurden. „Da hat jemand anderes für mich entschieden, was ich tun musste" erzählte eine junge Frau, die in einen schweren Verkehrsunfall verwickelt war.

SELBSTERFORSCHUNG

Die beiden folgenden Übungen können helfen, uns der Qualitäten unseres Wesens wieder bewusst zu werden. Wir schenken ihnen unsere Aufmerksamkeit und stärken sie dadurch.

Inseln der Wachheit kennenlernen

Schließ die Augen und lass dir etwas Zeit, um dich daran zu erinnern, wann du das letzte Mal eine Insel der Wachheit erlebt hast. War es erst vor Kurzem oder liegt es schon länger zurück? Was erleichtert dir den Zugang zu diesen besonderen Augenblicken?

Die Seiten unseres Diamanten

Nach welcher der in diesem Kapitel beschriebenen Qualitäten sehnst du dich besonders? Suche Zeiten oder Situationen in deinem Leben, in denen du mit dieser Qualität gut verbunden warst oder in denen du zumindest eine Ahnung davon hattest.

6

Inneren Frieden finden

Es gibt viele Wege zu mehr Entspannung und innerem Frieden. Aber alle funktionieren nur, wenn es uns gelingt, unseren überaktiven Geist zu beruhigen. Wir werden keine wirkliche Entspannung finden, solange er weiter gehetzt und nervös ist. Wir können keinen entspannten Abend in unserem „inneren Haus" verbringen, wenn im „Dachgeschoss" die Stereoanlage auf voller Lautstärke läuft.

In einem ersten Schritt können wir den Lärmpegel in unserem Kopf reduzieren. Wenn wir uns beispielsweise um weniger Stress und Zeitdruck in unserem Alltag bemühen, nimmt die Gedankenproduktion von alleine ab, denn gerade Stress, Eile und zu viele äußere Reize verursachen Lärm im Kopf.

Aber auch wenn unser Geist sich wieder verlangsamt, so wird er sich weiterhin mit der Vergangenheit oder der Zukunft beschäftigen und auch unser innerer Antreiber oder unser innerer Kritiker werden sich weiter zu Wort melden. Daher besteht der zweite Schritt darin, uns nicht mit unseren Empfindungen und Gedanken zu identifizieren, sondern sie als das zu erkennen, was sie nun mal sind, nämlich einfach nur Gedanken, Gefühle und Stimmungen. Wir werden wieder Herr im eigenen Haus und entscheiden wieder selbst, worauf wir unsere Aufmerksamkeit richten. Verschiedene Methoden, wie beispielsweise die Achtsamkeitspraxis, helfen uns, uns nicht von unseren Gedanken und Empfindungen einnehmen zu lassen.

Der dritte Schritt besteht darin, unsere Gedankeninhalte neu zu konditionieren. Aus dem *„Streng dich mehr an!"* unseres inneren Antreibers kann dann ein *„Du hast schon viel erreicht!"* werden. Wir bemühen uns also darum, schädliche Überzeugungen durch heilsame Inhalte zu ersetzen. Dieser Schritt hat viel mit unserer individuellen Biografie zu tun. Meistens brauchen wir therapeutische Unterstützung, um unsere „Programmierung" zu durchschauen, denn wir selbst halten sie für ganz normal und können daher allein nur schwer Abstand dazu gewinnen.

Diese drei Schritte ermöglichen einen sehr tief greifenden Wachstums- und Entwicklungsprozess. Nach meiner Erfahrung sind dazu Selbstreflexion, eine Veränderung des Alltags, therapeutische Arbeit und Bewusstseinsschulung notwendig.

Den Lärmpegel reduzieren

Wenn wir uns darum bemühen, mehr inneren Frieden zu finden, ist es gut, wenn wir zunächst dafür sorgen, unserem ohnehin schon unruhigen Geist nicht noch zusätzlichen Stress zu machen – doch genau das tun wir alle fast täglich. An einem typischen Beispiel lässt sich gut beobachten, wie unser Geist dann reagiert. Wir brauchen ihm nämlich nur mehr Aufgaben zu geben, als er gerade bewältigen kann. Stell dir vor, du fährst morgen in die Ferien. Du musst schon früh zum Flughafen und hast am Abend vorher noch ein paar Stunden Zeit, um die letzten Dinge zu erledigen. Du musst den Koffer noch packen … dem Nachbarn den Schlüssel für deine Wohnung geben, damit er die Blumen gießen kann … noch schnell zwei Freunde anrufen und dich verabschieden … die eine Bluse noch kurz bügeln und noch schnell die E-Mails abrufen. Ach ja, den Anrufbeantworter solltest du noch besprechen und die Reiseunterlagen, wo sind eigentlich die Reiseunterlagen?

Du kennst sicher solche oder ähnliche Situationen. Nach zwei Stunden bist du fix und fertig, dir schießt ein Gedanke nach dem anderen durch den Kopf, du läufst vom Wohnzimmer ins Schlafzimmer und hast schon unterwegs vergessen, was du da eigentlich wolltest. Du wirst fahrig, nervös und unzufrieden. Dein Geist tut sein Bestes, er versucht all die Aufgaben zu bewältigen, die du ihm gibst, und bricht unter ihnen förmlich zusammen. Wenn wir uns oft in solche Situationen bringen, führt das zwangsläufig zu einem immer erschöpfteren und immer unruhigeren Geist – und zu immer mehr Unzufriedenheit bis hin zur Depression. Für viele Menschen ist es heute keine Ausnahmesituation, sondern ein Dauerzustand, mehr zu tun zu haben, als sie erledigen können. Manche Menschen leben tagaus, tagein, als müssten sie 100 Sachen gleichzeitig erledigen. Viele Arbeitsplätze sind heute so gestaltet, dass die Arbeitnehmer die Arbeit nicht schaffen können, die von ihnen erwartet wird. „Ich bin hier auf der Arbeit und nicht auf der Flucht", so lautet ein Text auf einem Schild, das in vielen Büros hängt. Wenn wir längerfristig mehr zu tun haben, als wir erledigen können, werden wir krank.

Aber längst nicht immer ist uns die Überforderungssituation durch äußere Bedingungen vorgegeben. Manchmal bringen wir uns auch selbst in Situationen, in denen wir uns nicht wundern müssen, dass unser Geist mit all den Informationen und Aufgaben nicht mehr zurechtkommt. Und genau das können wir erkennen und verändern. Wenn wir aufhören, uns mehr zuzumuten, als wir schaffen können, leben wir ein deutlich friedvolleres, zufriedeneres und erfüllteres Leben. Oft sind es unsere inneren Antreiber, Kritiker und Perfektionisten, die uns in solche Situationen bringen. Einer meiner Klienten erzählte mir einmal: „Ich muss meinen Kopf immer beschäftigen. Im Auto höre ich Radio, zu Hause beim Essen lese ich die Zeitung und oft genug schlafe ich dann später vor dem Fernseher ein. Neulich hab ich mir im Auto meinen Kaffee auf die Hose geschüttet, weil ich telefonierte und gleichzeitig auf den Stadtplan geschaut habe." Wir füttern unseren Geist über und über und lassen ihm keine Zeit, all das zu verdauen. Doch genau, wie unser Körper nach einer Anstrengung eine Ruhepause braucht, so hat auch unser Geist das dringend nötig. Wenn wir unserem Geist nur in der Nacht eine Entspannungsphase gönnen, dann wird er das auf die Dauer nicht durchhalten. Während unser Körper bei einer Überanstrengung sozusagen „schlappmacht“ und mit Erschöpfung oder körperlicher Schwäche reagiert, funktioniert unser Denkapparat genau entgegengesetzt. Bei Überforderung signalisiert er uns meistens nicht: *„Ich kann nicht mehr, ich brauch eine Pause!“*, sondern er wird noch zusätzlich aktiv. Wir nehmen das dann als eine verstärkte Gedankenproduktion, als Nervosität und inneres Getriebensein wahr. Unser Geist beginnt dann, sich selbst weiteres „Futter“ zu suchen. Er ist sowieso schon am Rand der Leistungsfähigkeit, aber dann fällt ihm erst recht ein, was es alles noch zu erledigen gilt. Ein erschöpfter Körper geht langsamer, ein erschöpfter Geist rennt noch schneller. Wenn unser Geist seinen Turbogang erst einmal eingelegt hat, dann dauert es lange, bis er wieder richtig ruhig wird. Eine längerfristige Überforderung unseres Geistes bezahlen wir mit schlaflosen Nächten, innerer Unruhe und manchmal sogar mit seelischen Krisen. Viele psychische Erkrankungen wie Depressionen, Burn-out oder Psychosen gehen einher mit einem Geist, der nicht mehr abschalten kann.

Lass dir etwas Zeit, um zunächst nach einer Situation zu suchen, in der dein Denken besonders ruhelos war. Vielleicht findest du eine Situation von gestern oder aus den letzten Tagen. Vielleicht fallen dir auch Situationen ein, die schon länger zurückliegen. Wenn dir mehrere Situationen in den Sinn kommen, wähle einfach eine davon aus. Nimm dir etwas Zeit, um dir klarzumachen, wie du in die Situation geraten konntest. Wie hat sich dieser Zustand aufgebaut? Was hast du selbst dazu beigetragen? Als Letztes überleg dir, wie du eine solche Situation in Zukunft vermeiden könntest.

Auch wenn wir uns darum bemühen, das Geschwätz in unserem Kopf zu reduzieren, manchmal wird er trotzdem wieder in den Turbogang schalten. Es gibt ein paar Tipps, die wir in einem solchen Fall ausprobieren können. Das schafft uns keinen inneren Frieden, aber zumindest sinkt der Lärmpegel. Vielen Menschen helfen Techniken, die die Gedanken nach außen transportieren. Tagebuchschreiben ist eine solche Methode. Eine andere besteht darin, sich hinzusetzen und ausnahmslos alle Gedanken, die gerade kommen, sofort aufzuschreiben. Wir könnten diese Methode „Sich-leer-schreiben" nennen. Erst rast der Stift nur so über das Papier, aber schon nach einiger Zeit lässt die Gedankenflut langsam nach. Lass dir dafür genügend Zeit, mindestens zehn Minuten. Eine weitere Methode mag zunächst etwas seltsam wirken, denn man spricht dabei laut mit sich selbst und zwar in einer Nonsense-Sprache, die manchmal auch Gibberisch genannt wird. Wir sprechen also Worte und Töne, die keinen Sinn ergeben. Das könnte dann etwa so klingen: „Nukedei bol die bajo, okk dozo buschilawako scholalal" und so weiter (oder auch ganz anders). Such dir dafür einen Raum, wo du dich traust, solche Laute zu machen. Lass dir ebenfalls mindestens 10 Minuten Zeit. Unser ruheloser Geist gerät durch diese Nonsense-Sprache durcheinander und dabei beruhigt er sich oft. Probier es aus, wenn deine Denkprozesse das nächste Mal wieder im Turbogang laufen und du Zeit hast, eine solche Übung zu machen.

Nach meiner Erfahrung hat jeder von uns seine ganz eigenen Tricks, mit denen er versucht, seinen überdrehten Geist zu beruhigen. Was machst du, wenn der Lärm in deinem Kopf unerträglich wird? Prüfe genau, ob eine dieser Methoden für dich hilfreich ist.

Der innere Beobachter

Im ersten Kapitel habe ich bereits von meinen Erfahrungen in einem indischen Kloster berichtet und erzählt, wie ruhelos mein Geist war, als ich zum ersten Mal den ehrlichen Blick nach innen wagte. Dort lernten wir ein sehr hilfreiches Bild kennen, das in vielen Meditationsschulen verwendet wird, um den inneren Beobachter zu erklären: Stell dir deine Gedanken wie Wolken am Himmel vor. Die Wolken kommen und gehen, manchmal ist der ganze Himmel wolkenverhangen, manchmal gibt es nur einzelne kleine Wölkchen, manchmal schwarze Gewitterwolken. Und genau wie du auf einer Wiese liegen und diese ganzen Wolken beobachten kannst, genau so kannst du deine Gedanken beobachten. Aber vergiss nie: Du *bist* nicht deine Gedanken, sondern du *hast* nur Gedanken. Der weite Himmel bleibt vollkommen unberührt von den Wolken. Egal, wie dunkel oder gefährlich sie gerade wirken mögen, den Himmel stört das nicht, er bleibt hinter all den Wolken immer der Gleiche. Ich habe später diese Übung im Geiste noch oft gemacht. Wenn es in meinem Kopf wieder einmal hoch herging, habe ich meine Augen geschlossen und mir meine Gedanken wie Wolken am Himmel vorgestellt. Mir gelang diese Übung nicht immer, aber wenn sie gelang, fühlte ich mich freier und ruhiger. Die Gedanken, die mir gerade noch so groß und wichtig erschienen, verloren einen Teil ihrer Kraft und ich konnte wieder ruhig durchatmen.

Der innere Beobachter ist jener Teil in uns, der die vorbeiziehenden Wolken wahrnehmen kann und gleichzeitig einen Abstand zu ihnen behält. Es gibt verschiedene Begriffe für diese Instanz in uns. So wird oft vom Zeuge-Bewusstsein gesprochen, manchmal wird er auch als „Watcher on the hill" bezeichnet, als Beobachter auf dem Hügel. Der innere Beobachter ist annehmend, absichtslos und offen. Er nimmt wahr, was ist, ohne zu bewerten oder zu verurteilen. Also nicht *„Jetzt denkst du schon wieder"* oder *„Meine linke Schulter tut weh, sicher weil ich schon so lange keinen Sport mehr gemacht habe"*, sondern *„Aha, da sind Gedanken"* oder *„Aha, da ist ein Schmerz."* Er ist absichtslos in dem Sinne, dass er nicht etwas verändern will. Also nicht *„Atme tiefer!“* oder *„Hör auf zu denken“*, sondern ohne jede Form der Beeinflussung dessen, was ist. Und der innere Beobachter ist offen für alles, was kommt. Er wählt nicht aus *(„Dieser Gedanke ist schön, mit dem solltest du dich weiter beschäftigen“),* sondern er schätzt jede Wahrnehmung, egal, was es ist und wie ihre Qualität ist. Er nimmt die verschiedenen Empfindungen wahr, also nicht nur unsere Gedanken, sondern besonders auch unsere Gefühle und Stimmungen. Manchmal wird der Beobachter aber missverstanden als eine Instanz in uns, die nur beobachtet und nicht mehr empfindet. Bei Gedanken stimmt das tatsächlich, sie können einfach nur beobachtet und losgelassen werden. Gefühle und Stimmungen hingegen müssen auch empfunden werden, nicht nur beobachtet. Im Alltagsbewusstsein gehen wir oft ganz in unseren Empfindungen auf, sind dann nur noch Angst oder Wut. Das macht uns unfrei, wir handeln als Autopiloten. Doch wenn wir nun diese Erfahrungen gar nicht mehr erleben würden, wären wir keine Menschen mehr, sondern hätten uns ein weiteres Mal von unseren Empfindungen weggebeamt, diesmal mit Hilfe des inneren Beobachters. Daher beobachtet der Beobachter *und* nimmt zugleich die Empfindungen wahr. Sonst könnte er nicht annehmend sein, sondern wäre ja im Gegenteil sogar ablehnend, eben unseren Empfindungen gegenüber. Der Psychologe Christian Meyer spricht davon, dass wir ein 200 %iges Bewusstsein brauchen: Zu 100 % empfinden und zu 100 % beobachten. Das allerdings ist bedeutend leichter gesagt als getan. Doch es ist möglich, wenn wir unseren inneren Beobachter mehr und mehr schulen und trainieren und gleichzeitig bereit sind, alles, was wir empfinden, wahrzunehmen.

Natürlich beobachten wir uns alle selbst, sogar Kinder tun das schon. Aber für gewöhnlich tun wir das nach allen Mustern und Regeln unseres Geistes, beispielsweise mit dem Blick des inneren Kritikers oder des inneren Beschützers. Wenn wir jedoch lernen, unsere inneren Empfindungen, unsere Gedanken und Körperprozesse wirklich *nur* zu beobachten, können wir uns endlich entspannen. Der innere Beobachter ist die Eintrittskarte in die Welt der „Nicht-Identifikation“. Wenn es uns gelingt, uns öfter mit dem Blick des inneren Beobachters wahrzunehmen, dann können wir Gedankenketten unterbrechen, wir können unseren Autopiloten ausschalten und unsere Gefühle wahrnehmen, ohne uns von ihnen übermäßig leiten zu lassen. Der innere Beobachter hilft uns, unseren überengagierten Geist nicht länger mit unserer Aufmerksamkeit zu nähren. Wir bekommen einfach mit: Mein Geist ist jetzt gerade mit meinem Kontostand beschäftigt, oder mit der Einkaufsliste für morgen. Es ist aber gar nicht nötig, dass ich jetzt darüber nachdenke, was ich noch einkaufen muss, also komme ich wieder zur Gegenwart zurück. Wenn wir uns mit den Augen des inneren Beobachters betrachten, stellen wir beispielsweise fest, dass ein bestimmtes Gefühl da ist: Ärger. Aber durch diese urteilsfreie Selbstwahrnehmung ist schon etwas Abstand zwischen uns und unseren Ärger getreten. Durch die reine Beobachtung geschieht schon Veränderung!

Daher ist der innere Beobachter ein ganz besonderes Werkzeug auf unserem Wachstumsweg. Alle anderen Methoden sind ohne ihn entweder gar nicht möglich oder sind Abwandlungen des inneren Beobachters. In spirituellen Schriften wird die herkömmliche Art des „In-der-Welt-Seins" manchmal als Schlafzustand beschrieben und das bewusste Wahrnehmen und Erleben wird mit dem Wachbewusstsein während des Tages verglichen.

Den inneren Beobachter zu aktivieren ist in manchen Situationen noch relativ leicht, in anderen erscheint es uns fast unmöglich. Einfacher ist es, wenn wir alleine sind und nicht von äußeren Reizen abgelenkt werden. Aus diesem Grund wird in asiatischen Traditionen die Meditation als ein zentraler Weg zu einem glücklichen Leben beschrieben. Meditation bedeutet, die Aufmerksamkeit nach innen zu lenken, also alle üblichen Ablenkungen und äußeren Reize auszuschließen. Je mehr Reize von außen auf uns zukommen, desto schwieriger ist es, den Kontakt zum inneren Beobachter aufrechtzuerhalten. Sobald wir die Augen öffnen, wird der Kontakt zum inneren Beobachter meistens schon schwächer. Wenn wir dann umherschauen, verliert sich der Kontakt noch weiter. Besonders schwierig wird es, wenn wir mit anderen Menschen zusammen sind und ebenso, wenn wir unter

Zeitdruck sind. In diesen Situationen übernimmt dann oft der Autopilot wieder das Ruder.

Wenn wir unseren inneren Beobachter schulen möchten, können wir am besten zunächst in Situationen üben, in denen uns der Zugang leichter fällt. Besonders geeignet sind Situationen, in denen wir entspannt sind und Zeit für uns haben. Wenn wir dann Selbstbeobachtung üben, gelingt sie uns später auch in schwierigeren Situationen leichter. Wenn wir unseren inneren Beobachter aber ohne vorherige Übung gleich in einer besonders herausfordernden Situation nutzen möchten, werden wir scheitern. Er ist wie ein Muskel, der trainiert werden muss. Wir können nicht gleich in den Wettkampf ziehen, sondern müssen erst mal ins Trainingslager. Ein solches Trainingslager kann beispielsweise unser Bett sein: Wenn wir morgens erwachen, können wir noch ein bisschen stillliegen bleiben und dabei unsere Gedanken und unsere Empfindungen wahrnehmen. Wie liegt mein Körper auf der Matratze? Wie fühlt er sich heute Morgen an? Welche Gedanken ziehen gerade durch meinen Kopf?

Wenn wir unseren „Bewusstseinsmuskel" in solchen Situationen trainiert haben, sind wir auch den Wettkämpfen unseres Lebens besser gewachsen, beispielsweise einem Streit mit unserem Partner oder einer anstrengenden Familienfeier.

Es gibt viele Methoden, die uns helfen unseren inneren Beobachter zu fördern. Ich selbst habe eine Zeit lang die Übung zur Gedankenwahrnehmung aus Kapitel eins gemacht. Man schließt dazu die Augen und sagt sich: „Ich bin neugierig, was mein nächster Gedanke ist." Mit deiner ganzen inneren Wachheit beobachtest du anschließend, welche Gedanken dir in den Sinn kommen. Wenn man diese Übung öfter macht, wird man im Laufe der Zeit achtsamer für seine mentalen Prozesse und damit ist dann der innere Beobachter aktiviert. Während des Tages gibt es viele Gelegenheiten, unsere Gedanken besser wahrzunehmen. Immer wenn du allein bist oder wenn du nicht gefordert bist, also beispielsweise auf der Toilette, oder während du im Bus sitzt, kannst du für einen Moment die Augen schließen, in dich hineinspüren und deine Empfindungen und Gedanken erforschen. Natürlich geht das auch mit offenen Augen, es ist allerdings schwieriger.

In der Psychotherapie nutzen wir manchmal eine sehr wirkungsvolle Methode der Distanzierung, die darin besteht, unserem ruhelosen Geist einen Namen zu geben. Eine Klientin hat ihrem umherirrenden Geist beispielsweise den Namen „Köpfchen, Köpfchen" gegeben. Als sie diesen Namen gefunden hatte, konnte sie einen inneren Dialog mit ihrem Geist führen. Sie konnte sagen: „Ach Köpfchen, jetzt machst du dir wieder Sorgen, aber das ist gar nicht notwendig." Vielleicht magst du dir auch einen Namen für deinen Geist überlegen. Such einen Namen, der nicht negativ ist, eher sogar ein bisschen liebevoll. Er darf ruhig ein Schmunzeln in dir auslösen, denn unser Humor hilft uns ebenfalls, Abstand zu unseren Gedanken zu finden. Fällt dir spontan ein Name ein? Lass dir einen Moment Zeit dafür.

Atmen

Die Wahrnehmung des Atems ist seit Tausenden von Jahren die wichtigste Hilfe, um unsere Aufmerksamkeit vom Denken abzuziehen und auf unseren Körper und damit auf die Gegenwart zu richten. Schon der Buddha hat Atemtechniken genutzt. Es gibt eigentlich keine spirituelle Schule, die nicht den Atem für den menschlichen Wachstumsprozess einsetzen würde. Auch verschiedene Psychotherapieschulen arbeiten mit dem Atem, denn über ihn können wir wieder in Kontakt kommen mit unseren abgespaltenen Gefühlen und unseren schmerzvollen Erfahrungen aus der Vergangenheit. Durch die Art und Weise, wie wir atmen, können wir vielfältige Funktionen in unserem Körper beeinflussen, z.B. unseren Herzschlag, unsere Muskelanspannung, unser allgemeines Anspannungsniveau und sogar die Durchblutung unserer inneren Organe.

Von einem meiner Lehrer stammt der Spruch:

„Viel atmen, viel Leben!
Wenig atmen, wenig Leben!
Gar nicht atmen, gar kein Leben!“

Oft atmen wir im Alltag sehr oberflächlich. Wir halten den Atem an und verkrampfen dabei nicht selten unseren gesamten Oberkörper. In belastenden Situationen und Schrecksekunden vergessen wir das Atemholen sogar ganz. So lassen wir nur wenig Lebensenergie in unseren Körper. Das wirkt sich auf unser Energieniveau aus und auch auf unser emotionales Befinden und unsere Zufriedenheit. Es gibt natürlich Gründe, warum wir oft so flach atmen. Eine oberflächliche Atmung ist in gewisser Weise eine „Beam-mich-weg!“-Strategie, denn wenn wir flach atmen, sind wir von unseren Gefühlen abgeschnitten und nehmen nicht so genau wahr, wie es uns wirklich geht. Eines der ersten Dinge, die meine Klienten von mir lernen, ist, ihren Mund zu öffnen, wenn sie ihrem Befinden und ihren Gefühlen auf die Spur kommen wollen. Eine meiner Klientinnen musste den Tod ihrer Mutter verarbeiten, die ein Jahr vorher unter schwierigen Umständen gestorben war. Sie spürte die Trauer darüber, doch sie konnte nicht weinen. Eines Tages brauchte ich sie nur anzuregen: „Atme durch den Mund und spüre, was passiert“, und schon flossen ihre Tränen und der Schmerz konnte sich endlich ausdrücken. Wenn unser Atem frei fließt, unterdrücken wir unsere Empfindungen nicht länger, sondern können sie besser spüren. Nur so lösen sie sich allmählich und vergehen auch wieder, genau wie eine Welle, die kommt und wieder geht.

Auch die Atemtechniken, die ich vorstellen werde, können unangenehme Empfindungen wachrufen. Wenn das geschieht, schreitet gewöhnlich sofort der Geist ein. Er nimmt seinen Job als Beschützer sehr ernst: *„Lass das bleiben mit diesen komischen Atemübungen. Was soll das bringen?“* Wenn das geschieht, versuche zunächst, die Atembeobachtung fortzusetzen. Tauchen sehr unangenehme Empfindungen auf, so wäre es gut, mit professioneller Begleitung den Ursprüngen dieser Gefühle auf die Spur zu kommen.

Es gibt mehrere Gründe, warum die Konzentration auf unseren Atem für uns hilfreich ist, um uns von unseren Gedankenprozessen zu distanzieren. Der Atem bringt uns zunächst in die Gegenwart und auch in unseren Körper zurück. Wir können nicht in der Vergangenheit oder in der Zukunft atmen, sondern nur gerade *jetzt*. Wenn wir unseren Atem beobachten, erfordert das unsere ganze Aufmerksamkeit und dadurch entziehen wir unserem unruhigen Geist seine Energie. Du kannst das durch eine einfache Atembeobachtung selbst erfahren: Bitte lass dir etwas Zeit, um wahrzunehmen, wie du einatmest und sich dabei dein Bauch hebt, und wie du ausatmest und sich dabei dein Bauch senkt.

Wenn du diese Übung mit viel Bewusstheit machst, wirst du feststellen, dass du dieses Buch kurz beiseitelegen musst, um deinen Atem wirklich mit deiner Aufmerksamkeit begleiten zu können. Es ist schwierig und für die meisten Menschen unmöglich, gleichzeitig diesen Text zu lesen und den eigenen Atem zu beobachten. Genau so wenig kannst du gleichzeitig deinen Atem beobachten und denken. Während wir unseren Atem ganz bewusst und mit all unserer Wachheit wahrnehmen, denken wir nicht. Vielleicht machen diese Pausen des Denkens nur wenige Sekunden aus, aber in dieser Zeit wird unserem unruhigen Geist sein „Brennstoff" entzogen.

Unser Atem ist wie ein Anker, der uns da hält, wo wir gerade sind, nämlich in der Gegenwart. Wenn wir unserem unruhigen Geist Energie entziehen möchten, könnten wir unsere Aufmerksamkeit auch auf eine andere Körperwahrnehmung ausrichten, auf unsere Hand beispielsweise. Für die meisten Menschen ist das aber bedeutend schwieriger, als den Atem zu erkunden. Unser Atem hat den Vorteil, dass er eine Bewegung in vielen Bereichen unseres Körpers bewirkt, und uns fällt es deutlich leichter, uns auf eine Bewegung auszurichten, als auf die Wahrnehmung eines unbewegten Körperteils.

Ich möchte hier zwei Techniken vermitteln, die du ohne große Mühe üben kannst. Zunächst stelle ich die „Fünf-Minuten-Atemmeditation“ vor, und anschließend die „Atembeobachtung im Alltag“. Für die fünfminütige Atemmeditation setz dich entspannt und aufrecht auf einen Stuhl oder bequem auf den Boden. Wenn du nicht zu müde bist, kannst du dich auch hinlegen. Nimm dir für diese Übung fünf Minuten Zeit, um nichts anderes zu tun, als deinen Atem zu spüren. Du beobachtest, wie du einatmest und sich dein Bauch und dein Brustraum dabei weiten. Du beobachtest, wie du ausatmest und sich dein Bauch und dein Oberkörper dabei etwas zusammenziehen. Wenn es dir schwerfällt, deinen Atem überhaupt wahrzunehmen, schlage ich dir vor, dich hinzulegen und deine Hände oder ein Buch auf deinen Bauch zu legen. So vertieft sich deine Wahrnehmung für die Atembewegung im Körper. Während du diese Übung machst, werden dir Gedanken kommen. Lass sie möglichst frei von Bewertung vorbeiziehen und werde nicht ärgerlich, wenn du dich von der Empfindung des Atems wieder entfernt hast, das ist ganz normal. Komm einfach wieder zur Wahrnehmung deines Atems zurück. Es ist gut, diese Übung mehrmals täglich zu machen. Du kannst sie gleich morgens nach dem Aufwachen machen oder am Abend vor dem Abendessen. Wenn du etwas Erfahrung damit hast, kannst du auch versuchen, sie mit offenen Augen in Alltagssituationen zu praktizieren. Beispielsweise kannst du Zeiten des Wartens oder auch Arbeitspausen dafür nutzen, deine ganze Aufmerksamkeit einige Zeit auf deinen Atem zu richten.

Die zweite Methode, die ich vorschlagen möchte, ist die Atembeobachtung im Alltag. Dazu setzen wir uns gerade nicht auf ein Meditationskissen und beobachten nur unseren Atem, sondern wir verrichten unsere ganz normalen Aktivitäten weiter, und *dabei* richten wir unsere Präsenz immer wieder auf unseren Atem aus und beruhigen so unseren Geist. Die Übung besteht also „nur“ darin, während des Tages möglichst oft den eigenen Atem wahrzunehmen. Du kannst dazu beispielsweise wieder beobachten, wie sich dein Bauch hebt, während du einatmest, und senkt, während du ausatmest. Oder nimm deinen Atem in einer anderen Körperregion bewusst wahr, etwa im Brustraum oder an den Nasenlöchern. Lass dir einen Moment Zeit, um herauszufinden, wo du deinen Atem am besten spüren kannst.

▶

Vielleicht nimmst du beurteilende Gedanken wahr, wie etwa: *„Den Atem beobachten, was soll das bringen? Gibt es nicht etwas Anspruchsvolleres?"* Die Übung erscheint vielleicht zu unspektakulär oder zu langweilig. Doch wenn wir sie eine Zeit lang ausführen, werden wir eine Beruhigung im Denken feststellen. Es ist allerdings ganz und gar nicht einfach, den Atem immer wieder wahrzunehmen, denn wie soll man im Alltag an etwas so Belangloses wie die Empfindung des eigenen Atems erinnert werden? Deshalb brauchen wir Erinnerungshilfen, um uns immer wieder auf unsere bewusste Atmung zu besinnen. Meinen Klienten empfehle ich beispielsweise, sich jeweils auf den Atem zu konzentrieren, wenn sie eine bestimmte Tätigkeit ausführen oder ein bestimmtes Geräusch hören. Ein Klient von mir nutzt den Blick aufs Handy dafür, sich jeweils einige Sekunden Zeit zu nehmen, um seinen Atem zu begleiten. Wenn wir das 50-mal am Tag machen, wird sich langsam mehr innere Ruhe einstellen. Du kannst auch das Klingeln des Telefons dafür nutzen, das Schlagen der Kirchturmglocken oder den Gang auf die Toilette. Du kannst es dir zur Gewohnheit machen, dich beim Zähneputzen, beim Autofahren oder beim Warten in der Schlange im Supermarkt auf deinen Atem zu konzentrieren. Ich habe bei mir zu Hause eine Zeit lang eine CD eingelegt, auf der in unregelmäßigen Abständen ein angenehmer Gong zu hören war. Der Gong war der Hinweis für mich, mich wieder einmal auf meinen Atem zu konzentrieren und den gegenwärtigen Moment wahrzunehmen.

Bei der weiteren Lektüre dieses Buches kannst du auch das Pausenzeichen (▶) als Erinnerungshilfe nutzen, um dich wieder an das bewusst wahrgenommene Atmen zu erinnern. Wenn du dir bei jedem Pausenzeichen einige Sekunden Zeit lässt, um deinen Atem bewusst wahrzunehmen, beginnst du gleich mit der Atembeobachtung im Alltag.

Für Menschen, die erstmals Atembetrachtung üben, kann es sehr hilfreich sein, die Atemzüge zu zählen. Das erleichtert die Konzentration auf den Atem. Du atmest ein und zählst eins, du atmest aus und zählst zwei, du atmest wieder ein und zählst drei, du atmest aus und zählst vier. Bei zehn angekommen solltest du wieder rückwärts bis eins zählen oder wieder bei eins beginnen. Es besteht sonst die Gefahr, dass auch das Zählen im Autopilotenmodus erfolgt. Wir zählen dann munter weiter, während unsere Gedanken uns wieder in ihre Fantasiewelt entführt haben. Als ich mit Atemmeditationen begann, habe ich es einmal bis 78 geschafft. Die Geschichte, mit der ich mich beschäftigt habe, war etwas länger und meine Konzentration war noch nicht sehr ausgeprägt.

Den Atem wahrzunehmen, bedeutet nicht, ihn zu verändern, es bedeutet noch nicht einmal, ihn irgendwie anders haben zu wollen. Es ist wieder unser Denken, das unsere Atemwahrnehmung womöglich mit Kommentaren begleiten wird: *„Oh nein, nicht so flach atmen …*“ Doch es gibt kein richtiges und kein falsches Atmen, der Körper atmet so, wie er gerade atmet. Atembeobachtung meint vielmehr, beiseitezutreten und dem eigenen Körper bei seiner Arbeit zuzusehen. Gott sei Dank müssen wir nicht selbst atmen, sondern *es* atmet uns. Wir wären alle längst tot, wenn das Atmen nicht von alleine und ohne unser Zutun geschehen würde. Wenn wir auf eine entspannte Art und Weise dem Atem unsere Aufmerksamkeit widmen, wird er sich im Laufe der Zeit aber von allein verändern, er wird nämlich langsamer und intensiver – und beides wirkt sich positiv auf unseren Körper und unser Wohlbefinden aus. Dieser Prozess braucht aber eine gewisse Zeit. Wenn wir mehrere Jahrzehnte flach und kurz geatmet haben, werden wir nicht innerhalb von wenigen Tagen oder Wochen plötzlich tief und lang atmen!

Achtsamkeit im Alltag

Ein Paar sitzt an einem warmen Sommerabend auf der Terrasse. „Hörst du die Grillen?“ fragt die Frau ihren Mann, der in einer Zeitschrift blättert. „Wer? Ich riech nichts.“

Im allgemeinen Sprachgebrauch wird der Begriff „achtsam sein“ gemeinhin als „aufmerksam“, „konzentriert“, „sorgfältig“ oder auch „vorsichtig sein“ aufgefasst. Das Konzept der Achtsamkeit aus der buddhistischen Tradition hat eine differenziertere Bedeutung, darf also nicht mit dem umgangssprachlichen Begriff Achtsamkeit gleichgesetzt werden. Gemeint ist, den gegenwärtigen Augenblick bewusst wahrzunehmen, ohne ihn zu beurteilen und zu bewerten.

Mir gefällt folgende Definition von Achtsamkeit gut. Sie stammt von Ulrike Anderssen-Reuster, einer deutschen Ärztin, die in ihrer Klinik viel mit Achtsamkeitsmethoden arbeitet. Sie sagt: „Achtsamkeit ist ein Prozess, bei dem die Aufmerksamkeit nicht-wertend auf den gegenwärtigen Augenblick gerichtet ist. Sie nimmt wahr, was ist, und nicht, was sein soll. Das heißt: Sie ist einerseits nüchtern, real, desillusionierend, andererseits annehmend, integrierend, und vielleicht sogar auf mütterliche Weise liebevoll.“

Die zunehmende Achtlosigkeit in unserer Kultur ist sicher ein Grund dafür, dass seit den 1980er Jahren Therapiemethoden erarbeitet wurden, die gerade bei der Förderung unserer Achtsamkeit ansetzen. Da diese Verfahren größtenteils in den englischsprachigen Ländern entwickelt wurden, wird heute oft auch der englische Begriff „mindfulness" verwendet. Neben einem allgemeinen Programm zur Stressreduktion (Mindfulness Based Stress Reduction, abgekürzt MBSR) wurden auch Programme für andere Erkrankungen entwickelt, beispielsweise ein spezielles Programm für Menschen mit depressiven Krisen (Mindfulness Based Cognitive Therapy, abgekürzt MBCT). Zahlreiche Studien haben inzwischen nachgewiesen, wie hilfreich Achtsamkeit bei der Bewältigung und Genesung verschiedener Erkrankungen ist. Heute wissen wir, dass achtsamkeitsbasierte Therapiemethoden unter anderem hilfreich sind bei Schmerzstörungen, Depressionen, Angsterkrankungen, Sucht, Borderline-Persönlichkeitsstörung und psychosomatischen Störungen, wie etwa der Psoriasis. Probanden, die an einem Achtsamkeitstraining teilnahmen, fühlten sich nicht nur wohler, sondern hatten danach auch eine bessere Immunabwehr. Durch eine 8-wöchige Achtsamkeitsgruppe konnten Menschen, die bereits mehrere depressive Krisen erlebt hatten, ihr Risiko halbieren, erneut in eine depressive Episode zu geraten.

Wenn du Achtsamkeit erfahren möchtest, kannst du dich auf ein kleines Experiment einlassen: Nimm, während du diese Zeilen liest, einfach nur wahr, was gerade ist: Du spürst deine Hände, nimmst die Haltung deines Körpers wahr und wo er den Stuhl oder die Unterlage berührt ... Du registrierst aufmerksam die Geräusche um dich herum ... Du nimmst wahr, welche Gedanken dir durch den Kopf gehen ... Vielleicht bewertet dein Geist diese Übung oder du hast körperliche Empfindungen, leichte Schmerzen oder ein angenehmes Körpergefühl. Außerdem nimmst du vielleicht eine Emotion wahr wie Angst oder Freude ...

Wahrscheinlich hast du bei dieser Übung Dinge bemerkt, die dir vorher gar nicht recht bewusst waren. Vielleicht hast du festgestellt, dass du recht unbequem auf deinem Stuhl sitzt, und hast dich umgesetzt. Wenn wir uns bewusst auf unsere Empfindungen konzentrieren, nehmen wir erstmals wahr, was alles in uns los ist und was wir gewöhnlich gar nicht mitbekommen.

Aber sind wir nicht alle immer wieder achtsam in diesem Sinne? Was ist das Besondere an Achtsamkeit und warum soll sie uns helfen, unseren ruhelosen Geist zu beruhigen? Achtsamkeit ist nicht schwierig, jedes Kind und jeder Erwachsene kann achtsam sein. Wir sind es jedoch meistens nur für kurze Augenblicke. So banal die Übung von vorhin erscheinen mag, kaum jemandem gelingt es auf Anhieb, über mehrere Minuten hinweg achtsam zu sein für das, was gerade ist. Schnell sind wir wieder abgelenkt und folgen beispielsweise einer Geschichte unserer Gedanken. Was es zu lernen gilt, ist in erster Linie, sich daran zu *erinnern*, achtsam zu sein. Achtsamkeit ist nicht schwierig, aber die Erinnerung daran, achtsam zu bleiben, ist etwas ausgesprochen Anspruchsvolles.

Neben der bewussten Wahrnehmung ist die Nicht-Bewertung das zweite Element der Achtsamkeit. Beide gehören untrennbar zusammen, ich stelle sie hier nur der Verständlichkeit halber nacheinander vor. Für gewöhnlich bewerten wir ständig alles, was wir wahrnehmen. Wir finden das Geräusch, das wir gerade hören, nervig oder unsere Körperhaltung unbequem. Das ist Teil der Schutzfunktion unseres Geistes, der alles einordnet. In einer achtsamen Haltung versuchen wir nun das, was sich gerade zeigt, ohne diese Bewertung wahrzunehmen. Auch dazu können wir wieder ein kleines Experiment machen, das nur wenige Minuten dauert. Bitte betrachte jetzt die Außenfläche deiner linken Hand. Nimm die Haut deiner Hand wahr, die Farbe deiner Haut und ihre Beschaffenheit. Schau dir deine Finger genau an und auch deine Fingernägel. Lass dir noch einen Moment Zeit dafür.

Und jetzt mach dir bitte klar, welche Bewertungen du über deine Hand hattest, während du sie wahrgenommen hast. Gefiel oder missfiel dir die Farbe deiner Haut, deine Finger und deine Fingernägel? Du wirst feststellen, dass du deine Hand nicht nur *wahrgenommen* hast, sondern dass parallel dazu Beurteilungsprozesse stattgefunden haben. Vielleicht fandest du die Haut deiner Hand zu alt, den Ring ästhetisch, die Fingernägel ungepflegt oder deine Hand als Ganze wunderschön. Wahrnehmung und Bewertung laufen meistens gleichzeitig ab. Es ist uns ohne Übung kaum möglich, etwas wahrzunehmen, ohne es zu bewerten und einzuordnen. Doch genau um dieses zunächst unmöglich Erscheinende bemüht sich die Achtsamkeitspraxis: *um reines, nicht urteilendes Gewahrsein.* Wenn wir nämlich „nur" wahrnehmen, sieht die Welt um uns herum und wir mit ihr anders aus.

Du kannst auch das wieder erproben, indem du nochmals deine Hand betrachtest und dich diesmal um eine reine Wahrnehmung bemühst. Dein Blick sollte neugierig-interessiert sein und beschreibend. Zur Vorbereitung kannst du dich einen Moment auf deinen Atem konzentrieren. Dadurch wird deinem wertenden Geist Energie entzogen, die du dann auf das Gewahrsein verwenden kannst.

Vielleicht hast du bei der zweiten Übung ganz andere Dinge entdeckt als bei der ersten: die Wölbung der Adern auf dem Handrücken, eine große Sommersprosse auf dem kleinen Finger, die Biegung des Ringfingers auf der linken Hand, die Haut über den Fingergelenken und so weiter. Genau das ist Achtsamkeit: nicht wertendes Gewahrsein.

Im Alltag gelingt es uns selten, achtsam zu sein. Wir sind im Gegenteil meistens sogar achtlos. Sicher 99 % unserer Alltagsempfindungen nehmen wir nicht bewusst wahr und eine Wahrnehmung ohne Bewertung gelingt uns fast nie. Ich habe den Kaffee schon ausgetrunken, bevor ich ihn richtig geschmeckt habe. Ich kann nicht in den Spiegel schauen, ohne mein Gesicht heute schön zu finden oder zerknittert oder verschlafen. Wie oft essen wir, während wir gleichzeitig Zeitung lesen, Radio hören oder den Fernseher eingeschaltet haben. Immer öfter sehe ich auf der Straße Menschen, die es irgendwie schaffen, beim Gehen die Zeitung oder ein Buch zu lesen oder eine SMS zu schreiben, das Handy am Ohr in fast jeder Situation und bei allen nur möglichen Tätigkeiten ist schon selbstverständlich.

Es gibt verschiedene Bereiche, auf die wir unsere Achtsamkeit richten können. In diesem Buch haben wir uns vor allem mit der bewussten Wahrnehmung unserer Gedanken beschäftigt und im vorherigen Abschnitt auch mit der achtsamen Wahrnehmung unseres Atems. Daneben können wir unsere Achtsamkeit auf unsere Körperbewegungen richten sowie auf unsere Sinneswahrnehmungen wie riechen, schmecken, sehen, hören und fühlen. Außerdem können wir achtsam unsere Gefühle wahrnehmen, die natürlicherweise eher kurz andauern, ebenso unsere Stimmungen, die meist über längere Zeit bestehen. Wenn du dir vornehmen möchtest, in Zukunft achtsamer zu leben, dann empfehle ich dir, bei der Wahrnehmung deiner Sinne und deiner Körperbewegungen zu beginnen. Dies ist bedeutend einfacher, als Emotionen oder Stimmungen zu registrieren.

Am einfachsten ist es, Achtsamkeit bei ganz gewöhnlichen Alltagstätigkeiten zu üben. Du kannst beispielsweise achtsamer gehen, achtsamer essen, achtsamer die Zähne putzen, achtsamer duschen, achtsamer die Treppe hinuntergehen, achtsamer das Geschirr spülen oder die Kartoffeln schälen. Wähle eine Routinetätigkeit aus und versuche, diese möglichst bewusst und aufmerksam zu verrichten. Zu Beginn ist es bedeutend leichter, eine Tätigkeit auszuwählen, bei der wir allein sind. Für uns ist es in der Regel schwieriger, achtsam zu bleiben, wenn andere Menschen dabei sind. Wähle irgendeine Tätigkeit aus.

Wenn du dir beispielsweise vorgenommen hast, achtsam zu duschen, dann erinnere dich vor dem Duschen daran. Vielleicht nimmst du deinen Atem bewusst wahr, bevor du unter die Dusche gehst. Während du duschst, spürst du das Wasser auf deiner Haut, vielleicht magst du zwischendurch die Augen schließen. Spüre, wie der Wasserstrahl deinen Körper massiert ..., welche Geräusche das Wasser macht und ob es vielleicht sogar riecht. Nimm auch die Bewertungen deines Geistes wahr, der das Wasser vielleicht etwas zu warm oder zu kalt findet. Und registriere, wenn deine Gedanken dir wieder eine Geschichte erzählen. Löse dich von dieser Geschichte und spüre wieder das Wasser auf deiner Haut.

Du kannst die ganzen Erinnerungshilfen einsetzen, die ich schon im Abschnitt über unseren Atem vorgestellt habe. Beispielsweise kannst du das Klingeln des Telefons dazu nutzen, kurz deinen Körper wahrzunehmen und zu registrieren, wie du gerade stehst oder sitzt und wie sich dein Körper anfühlt. Auch das Treppengehen lässt sich für Achtsamkeitspraxis nutzen: Geh ruhig eine Treppenstufe nach der anderen hinauf und nimm die Bewegungen deines Körpers dabei wahr, wie sich dein Bein erst hebt, du es dann leicht nach vorne schiebst, anschließend auf die Treppenstufe aufsetzt und du deinen Fuß auf die Treppenstufe drückst, so dass sich dein Körper nach oben bewegt. Die damit einhergehende Verlangsamung ist natürlich nicht immer sinnvoll – du kannst auch schnell und achtsam gehen! Solche banal erscheinenden Übungen bewirken, dass wir uns viel lebendiger und frischer fühlen und unser Denken eine kurze Pause einlegt.

Achtsamkeit hat verschiedene Grade. Wir alle kennen eine eher oberflächliche Alltagsachtsamkeit. Wir nehmen dann hin und wieder unsere Gedanken wahr oder spüren manchmal unseren Atem. Dann gibt es eine intensivere Form der Achtsamkeit, die beispielsweise entsteht, wenn wir ein Buch wie dieses lesen und dadurch bewusster werden für ansonsten nicht wahrgenommene Prozesse. Für diese intensivere Form der Achtsamkeit sind auch Achtsamkeitsseminare hilfreich, die mittlerweile an vielen Orten, beispielsweise von Volkshochschulen, angeboten werden. Außerdem gibt es CDs mit Achtsamkeitsübungen, die man zu Hause praktizieren kann (s. Anhang). Und dann gibt es eine noch weit intensivere Form der Achtsamkeit, die sich entwickelt, wenn wir an einem Retreat teilnehmen oder für längere Zeit meditieren. Dann werden beispielsweise unsere Sinneswahrnehmungen viel klarer, wir nehmen auch kleine Stimmungsänderungen bewusst wahr und bekommen die allermeisten unserer Gedanken mit. Um Achtsamkeit in dieser tieferen Form kennenzulernen, bedarf es nach meiner Erfahrung Unterstützung im Rahmen eines einige Tage dauernden Retreats. Sie finden meistens in Meditationszentren statt, wo die Teilnehmenden vor vielen Alltagsablenkungen geschützt sind. Einige Adressen finden sich im Anhang.

Vom Kopf auf die Füße

Ein ruheloser Geist bewirkt, dass viel unserer Energie in unseren Kopf geht und aus unserem Körper abgezogen wird. Der Preis dafür ist, dass wir unseren Körper manchmal gar nicht mehr wahrnehmen, uns in ihm unwohl fühlen oder uns von ihm sogar innerlich abgeschnitten fühlen. Wir werden dann im Extremfall zu einem Kopf mit Füßen, einem „Kopffüßler". In der Regel – aber es gibt sehr viele Ausnahmen (!) – haben Männer einen ruheloseren Geist als Frauen. Und in der Regel nehmen Männer ihren Körper weniger intensiv wahr als Frauen. Ein Klient von mir berichtete, er habe viele Jahre das Gefühl gehabt, eigentlich nur aus einem Kopf zu bestehen und etwa in der Brustregion vom Rest seines Körpers abgeschnitten zu sein. Beim Joggen habe er seinen Körper als ein Werkzeug benutzt, das gute Leistung bringen sollte. Er habe viel, ja zu viel von seinem Körper verlangt und sei schließlich krank geworden.

Manche Menschen, die wenig Bezug zu ihrem Körper haben, nehmen das bewusst wahr und leiden darunter. Manchmal meldet sich ihr Körper und macht sie darauf aufmerksam, dass sie eigentlich doch keine Kopffüßler sind. Meistens geschieht das mittels Krankheiten und körperlichen Schmerzen.

Von Gabrielle Roth, einer bekannten Tanztherapeutin aus den USA, stammt der Satz: „Der beste Weg, um den Geist zu beruhigen, ist, den Körper zu bewegen!" Und in der Tat scheinen für manche Menschen mehr Lebensfreude und Entspannung leichter möglich, wenn sie zunächst auf diesem Weg wieder in besseren Kontakt mit ihrem Körper kommen. In der westlichen Welt bringen wir unserem Körper im Vergleich zu unserem Denken weniger Wertschätzung entgegen. Dabei hat er eine Intelligenz, die weit über die unseres Geistes hinausreicht. Er kann Tausende von Funktionen gleichzeitig ausführen und tut das mit einer unglaublichen Ruhe und Selbstverständlichkeit. Wenn wir unsere Aufmerksamkeit auf unseren Körper ausrichten, landen wir zwangsläufig in der Gegenwart. Er kann nicht, wie unser denkender Geist, in die Vergangenheit oder die Zukunft abschweifen. Das Herz schlägt immer im Hier und Jetzt. Daher lautet eine wichtige Empfehlung: Alles, was uns mehr in den Körper bringt, hilft unserem wilden Geist, sich zu entspannen. Die meisten Meditationstechniken nutzen daher unseren Körper, um uns mehr in der Gegenwart zu verankern, vor allem über die schon beschriebene Atemwahrnehmung. Auch jede Form von Bewegung ist hilfreich, ebenso körperliche Anstrengung oder spezielle Techniken wie Yoga, Tai Chi oder Qigong.

Allerdings gibt es eine Einschränkung zur oben genannten Empfehlung: Alles, was uns in den Körper bringt, ist gut, *vorausgesetzt wir nehmen unseren Körper dabei tatsächlich wahr.* Wir sind nicht wirklich in unserem Körper, wenn wir als Kopffüßler joggen gehen und unser Geist die Gelegenheit nutzt, um innerlich unsere Bankgeschäfte zu erledigen. Viel Energie bleibt im Kopf, obwohl wir uns körperlich anstrengen. Vielleicht klingt der Unterschied unbedeutend, er ist aber enorm, denn Körper und Geist sind dann wie innerlich gespalten.

Der Vergleich von Gymnastik mit Formen des Yoga hilft uns, diesen Unterschied besser zu verstehen: Während Gymnastik hier bei uns im Westen entwickelt wurde, entstammt der Yoga der indischen Kultur. Bei der Gymnastik wird unser Körper wie ein Werkzeug betrachtet. Wir machen bestimmte Körperübungen und können währenddessen einen Krimi im Fernsehen verfolgen. Unser Körper macht also beispielsweise eine Vorwärtsbeuge und unser Bewusstsein ist mit etwas ganz anderem beschäftigt. Yoga hingegen funktioniert nach einem anderen Prinzip: Wir richten während der Körperübung unsere ganze Achtsamkeit auf unsere Bewegung, unsere Haltung und die Körperempfindungen. Durch die Fokussierung unseres Bewusstseins entsteht eine Energielenkung in Richtung Körper. Ein spiritueller Lehrer hat einmal gesagt: „Wenn du dem Körper dein Bewusstsein gibst, freut sich jede Zelle und jubelt innerlich." Viele Lehrer sind der Überzeugung, dass durch diese Aufmerksamkeit sogar Krankheiten vorgebeugt werden kann.

Wir können den Unterschied der Bewusstseinsfokussierung an einem kleinen Experiment erleben: Spreize, während du diesen Text liest, jetzt bitte die Finger deiner linken Hand so weit auseinander, wie du kannst. Lies allerdings weiter, während du diese Übung machst. Deine Aufmerksamkeit ist jetzt größtenteils weiterhin im Kopf, da ich dich gebeten habe, weiterzulesen. Am Rande nimmst du natürlich wahr, dass sich deine Finger spreizen, aber die Wahrnehmung ist nur sehr oberflächlich. Jetzt möchte ich dich bitten, das Buch beiseitezulegen, wieder die Finger zu spreizen, die Augen zu schließen und mit deinem inneren Blick deine linke Hand wahrzunehmen. Bitte mach dieses kleine Experiment jetzt.

Du wirst wahrscheinlich erlebt haben, dass sich deine gespreizte Hand ganz anders anfühlt, wenn du dein Bewusstsein wirklich darauf ausrichtest. Vielleicht hast du die Handinnenfläche besonders intensiv gespürt? Möglicherweise hast du das Spreizen der Finger und die Energie, die damit verbunden ist, genossen? Vielleicht hast du deine Hand auch als sehr kraftvoll wahrgenommen oder eine Lebendigkeit gespürt, die sich von deiner Hand ausgehend im ganzen Körper ausgebreitet hat?

Eine Körperbewegung mit Bewusstsein auszuführen ist im Vergleich zu einer sozusagen „bewusstlosen“, automatischen Bewegung etwa so, als wenn man eine vollreife saftige Erdbeere in den Mund steckt oder sich nur das Foto einer Erdbeere anschaut. Wenn wir unseren Körper bewusst wahrnehmen, ist unsere Empfindung um vieles intensiver. Unser Körper fühlt sich lebendiger an und die reine Wahrnehmung unseres Körpers kann schon ein Gefühl innerer Freude hervorrufen.

Den Körper wahrzunehmen ist ein wahres Zaubermittel, um unserem Denken Energie zu entziehen und Lebensfreude und Lebendigkeit zurückzugewinnen. Diese Bewusstheit auf unseren Körper zu richten ist aber unglaublich schwierig, auch wenn es einfach und banal klingen mag. In der Regel dauert es nur einige Sekunden und dein denkender Geist beginnt schon wieder damit, dich von der Wahrnehmung deines Körpers abzulenken. Gerade wenn wir erstmals die konzentrierte Wahrnehmung unseres Körpers üben, ist unsere Aufmerksamkeit meistens weiterhin von unserem ruhelosen Geist behindert. Doch dieses Verhältnis wandelt sich im Laufe der Zeit langsam. Du kannst mit kleinen Übungen beginnen, um mehr Aufmerksamkeit auf deinen Körper zu richten. Wähle dazu einen Körperteil aus, den du besonders gut wahrnehmen kannst. Ist es deine Hand, dein Fuß, dein Mund? Und wenn immer möglich, richte all deine Aufmerksamkeit auf diesen Körperteil.

Wahrnehmen, Annehmen, Ersetzen

Selbst wenn wir unsere Gedanken beobachten und sie als das enttarnen, was sie nun mal sind, nämlich einfach nur Gedanken, heißt das noch lange nicht, dass wir ihnen nicht länger Glauben schenken und unser Handeln nicht mehr von ihnen gesteuert wird. Das gilt vor allem für Gedankeninhalte, die mit starken Gefühlen wie Angst, Scham, Schuld oder innerem Schmerz verbunden sind. Und auch unseren Autopiloten können wir oft nicht allein dadurch ausschalten, indem wir unser stereotypes und automatisiertes Programm durchschauen. Damit uns das gelingt, brauchen wir eine weitere Unterstützung, die darin besteht, schädliche Gedankeninhalte oder Verhaltensweisen durch heilsame zu ersetzen. Hier verlassen wir den Bereich der Bewusstseinsarbeit und meditativen Achtsamkeit und machen einen kleinen Ausflug in die Welt der Psychotherapie.

Die meisten der für uns schädlichen Gedankeninhalte haben ihren Ursprung in schwierigen Erfahrungen, mit denen wir in unserem bisherigen Leben, vor allem in unserer Kindheit und Jugend, konfrontiert waren. Unsere Persönlichkeit und mit ihr unser Denken wurden durch diese Erlebnisse so stark geprägt, dass wir die früh erworbenen Überzeugungen nicht so einfach wieder loslassen können. Ein solcher Glaubenssatz lautet beispielsweise: *„Wenn ich nicht von morgens bis abends arbeite, werde ich untergehen.“* Jemand anderes hat die Überzeugung: *„Mein Körper ist sehr anfällig, ich kann jederzeit schwer krank werden.“* Eine andere unverrückbare Idee könnte lauten: *„Die anderen wollen mit mir nichts zu tun haben, ich gehöre nicht dazu.“* Diese Glaubenssätze sind uns in Fleisch und Blut übergegangen, wir sind 100 % von ihrer Wahrheit überzeugt. Wir halten sie für so wahr wie die Tatsache, dass wir sterben werden oder dass die Erde eine Kugel ist. Oft können wir sie gerade am Anfang unserer Bewusstseinsarbeit nicht einmal benennen, denn dazu brauchten wir ja schon einen inneren Abstand.

Während des Wachstumsprozesses enttarnen wir dann langsam unsere inneren Glaubenssätze als gelernte Gedankenmuster und halten sie immer seltener für die Wirklichkeit. Manchmal gelingt es uns sogar schon, uns anders zu verhalten, aber vor allem in Belastungssituationen und unter Stress greifen wir wieder auf unsere alten Muster zurück. In dieser Übergangsphase, in der wir schon einen gewissen inneren Abstand zu unseren alten Überzeugungen haben, aber zeitweise noch mit ihnen identifiziert sind, hilft uns die Methode des Ersetzens, um neues Verhalten und neue Denkweisen zu erproben.

Eine meiner Klientinnen hatte eine starke innere Pleaser-Stimme, die ihr immer wieder sagte: *„Du musst dafür sorgen, dass es anderen Menschen gut geht. Wie es dir geht, spielt keine Rolle!“* Sie war mit einer depressiven Mutter aufgewachsen und hatte als Kind ihre ganze Energie dafür eingesetzt, ihre Mutter aufzuheitern und sich um sie zu kümmern. Ihr eigenes Befinden wurde komplett ausgeblendet. Die Hauptsache war, der Mama ging es gut, denn davon hing ja schließlich auch ihr Überleben als Kind ab. Später verwandte sie weiter all ihre Kraft darauf, sich um andere zu kümmern. Sie verlor sich selbst dabei, geriet immer wieder in Situationen maßloser Überforderung und brach schließlich darunter zusammen. Sie konnte ihre Pleaser-Stimme zwar beobachten, aber sie war weiterhin davon überzeugt, dass es für sie keinen anderen Weg gab, als andere zufriedenzustellen. Sobald sie das einmal nicht tat, machte sich in ihr ein starkes Gefühl von Angst, ja fast schon von Panik breit. Das änderte sich erst, als sie lernte, ihr verängstigtes inneres Kind zu beruhigen mit Sätzen wie: *„Dir kann nichts passieren. Ich bin für dich da und passe auf dich auf!“* Außerdem konnte sie sich selbst sagen: *„Ich muss gar nicht für alle da sein.“*

Wahrnehmen, Annehmen und Ersetzen sind die drei zentralen Schritte dieser Methodik. Ich wende sie hier auf die Situation meiner Klientin an, um den Ablauf besser nachvollziehbar zu machen. Zunächst nehmen wir einfach nur wahr, was mit uns geschieht: „Ich habe den Impuls, mich um meinen Nachbarn zu kümmern, dem es gerade nicht gut geht.“. Wir versuchen unser Empfinden und unser Verhalten möglichst klar und ohne vorgegebene Konzepte zu registrieren. Der zweite Schritt besteht darin, sich nicht für diese Überzeugungen zu verurteilen oder sie abzulehnen, sondern die Gedanken, Gefühle und Handlungsimpulse anzunehmen und ein freundliches Verständnis für die eigenen Empfindungen zu gewinnen: „Als Kind habe ich geglaubt, ich muss dafür sorgen, dass es meiner Mutter gut geht, weil ich mich ohne sie nicht überlebensfähig gefühlt habe. Deshalb kümmere ich mich auch heute noch um andere Menschen.“ Im letzten Schritt, dem Ersetzen, geht es darum, die verletzliche

Seite in uns zu beruhigen und uns selbst die Erlaubnis für ein anderes Empfinden und Verhalten zu geben: „Auch wenn ich mich nicht um alle kümmere, kann mir nichts passieren. Ich bin nicht mehr das kleine Kind von damals, sondern ich bin heute eine starke erwachsene Frau".

Diese Methodik des Wahrnehmens, Annehmens und Ersetzens können wir mit Gedanken und Handlungen praktizieren. Auf Gefühle und Stimmungen ist sie nicht anwendbar. Diese gilt es in ihrer Intensität zu fühlen und zu erleben, dann ebben sie wie eine Welle ohne unser Zutun langsam wieder ab.

Wichtig ist, dass es bei diesem Vorgehen nicht um eine Form des Positiven Denkens geht. Wir wollen nicht schlechten inneren Lärm durch guten Lärm ersetzen. Es geht nicht darum, einen unerwünschten Gedanken durch einen erwünschten zu überdecken und uns selbst zu hypnotisieren oder uns etwas vorzumachen. Im Positiven Denken gelingt das Annehmen unserer Gedanken oder unserer Handlungen nicht, sondern diese sollen möglichst rasch ersetzt werden. Aus: *„Ich schaffe das nie!"* wird: *„Natürlich krieg ich das hin!"* Viele Menschen, die Positives Denken praktiziert haben, berichten davon, dass es ihnen nicht wirklich weitergeholfen hat. Das verwundert nicht, denn wirkliche Veränderung gelingt nur durch eine ehrliche Annahme der Ausgangssituation und nicht, indem wir sie möglichst schnell beseitigen wollen.

Es geht mehr um eine liebevolle Form der Selbstfürsorge und der Zusprache. Wir suchen wohlwollende, neue Überzeugungen und zwar solche, an die wir tatsächlich glauben, und die wahr sind. Wir erkennen unsere selbstschädigenden Überzeugungen als Folge lebensgeschichtlicher Erfahrungen. Gleichzeitig können wir sehen, welche Vorstellungen mehr der Wahrheit entsprechen und mehr dem Leben dienen. Und diese verstärken wir, indem wir sie langsam verinnerlichen. Aus: *„Ich schaffe das nie!"* wird dann *„Ich habe große Angst davor, diese Herausforderung nicht zu bestehen. Die Angst ist richtig spürbar. Ich weiß, dass sie entstanden ist, weil meine Eltern auch sehr ängstlich waren. Neben der Angst nehme ich aber auch meine Kraft wahr und meine Bereitschaft, alles zu tun, damit es mir gelingt. Ich habe ähnliche Situationen schon* *gemeistert. Ich weiß, dass ich es auch diesmal schaffen kann.*" Dies wäre eine wahrnehmende, annehmende und ersetzende Selbstbotschaft. Ich mache mir nichts vor, aber ich resigniere nicht vor meiner Angst, sondern ich sehe auch meine Stärke.

Wir können nicht nur unsere Gedanken auf diese Art verändern, sondern auch unsere Handlungen. Wenn ich mich beispielsweise vor Konflikten gewöhnlich drücke, indem ich entweder schnell dem anderen zustimme oder mich zurückziehe, kann ich mich ganz bewusst anders verhalten. Ich nehme meinen Impuls wahr, dem anderen recht zu geben, obwohl ich gar nicht seiner Meinung bin. Ich verurteile mich nicht dafür, sondern ich entscheide, mich diesmal anders zu verhalten.

Was ist Meditation?

In allen spirituellen Lehren dieser Welt hat die Meditation eine zentrale Bedeutung. Die Sufis des Islam praktizieren verschiedene Meditationen, ebenso die mystischen Schulen des Christentums, beispielsweise Teresa von Avila. Eine besonders wichtige Bedeutung hat Meditation im Buddhismus, Hinduismus und Taoismus. Sie dient dort als Werkzeug für ein spirituelles Erwachen. Meditation wird genutzt, um die Einheit mit Gott zu erfahren und sein eigenes Wesen zu erkennen. Im Westen wurde Meditation vor allem durch den Zen-Buddhismus und den Yoga-Weg bekannt und verbreitet sich seit den 1970er Jahren in rasantem Tempo. Während es früher fast anrüchig war, zu meditieren, werden heute namhafte Meditationslehrer von den Top-Firmen der Welt engagiert, um ihren Managern mehr Gelassenheit beizubringen.

Doch auch wenn die Meditation heute hoch im Kurs steht, so ist sie für Menschen mit einem stressigen und aufreibenden Alltag alles andere als einfach. Wir können nicht von morgens 8 Uhr bis abends um 17 Uhr unter Hochspannung stehen und anschließend in den Meditationskurs hetzen, wo wir dann augenblicklich in meditative Stille und Gelassenheit versinken. Wenn wir uns nach einem anstrengenden Tag zur stillen Meditation zurückziehen, erleben wir meistens nicht freudvolle innere Ruhe, sondern wir spüren unsere körperliche Anspannung umso deutlicher und registrieren unseren gehetzten Geist, der schon den ganzen Tag über „auf 180“ war.

Es gibt viele Formen der Meditation, beispielsweise Vipassanā, Atemmeditation oder meditative Gesänge und Tänze. Sie alle fokussieren die Wahrnehmung mehr auf den gegenwärtigen Augenblick und auf das Innen, als wir das in unserem Alltagsbewusstsein tun. Vom Kopf geht es in den Körper und von der Außenwahrnehmung zur Innenschau. Unter den verschiedenen Meditationsformen kann man unter anderen zwei Gruppen unterscheiden, die eher aktiven Meditationen und die eher stillen Meditationen. Beginnen wir mit den aktiven Meditationen, von denen es wiederum unzählige Formen gibt. In manchen werden bestimmte Bewegungen praktiziert, in anderen erfolgt eine fokussierte Atmung, wieder andere Meditationen nutzen bestimmte Töne oder Gesänge. Aber immer geht es um das gleiche Prinzip: Durch die aktiven Phasen sollen unser Geist und unser Körper entspannt und gelockert werden, so dass wir offen werden für die eigentliche stille Meditationsphase.

Besondere Verbreitung hat schon seit einigen Jahrzehnten die sogenannte Kundalinī-Meditation erfahren, die in den 1980er Jahren in Indien entwickelt wurde. Diese Meditation dauert eine Stunde und besteht aus insgesamt vier Phasen. Um sie ausüben zu können, benötigt man eine CD mit einer speziellen Musik, die über den Buchhandel erhältlich ist (siehe Anhang). Die erste 15-minütige Phase besteht aus lockerem Ausschütteln. Im Stehen wird der ganze Körper bewegt, dabei können Gefühle und körperliche Anspannungen gelöst werden, die sich den Tag über angestaut haben. Die nächste 15-minütige Phase besteht aus freiem Tanz. Auch in dieser Phase können sich Anspannungen des Körpers und des Geistes langsam lösen. Anschließend folgen die „stillen“ Phasen, zunächst 15 Minuten sitzen, begleitet von einer Musik. In dieser eigentlichen Meditationsphase ist der Geist schon deutlich ruhiger geworden, so dass es leichter ist, ihn zu beobachten und sich nicht von ihm davontreiben zu lassen. Zum Schluss gibt es eine 15-minütige Entspannungsphase im Liegen.

In der sogenannten stillen Meditation gibt es keine aktiven Phasen, um unseren Körper und unseren Geist etwas „vorzulockern“, sondern wir suchen uns einen Ort, an dem wir eine gewisse Zeit lang nicht gestört werden, und setzen uns still auf ein Meditationskissen oder einen Stuhl. Mit offenen, geschlossenen oder halb-geschlossenen Augen nehmen wir dann achtsam alles wahr, was sich uns in diesem Moment darbietet. Wichtig ist, bequem und entspannt zu sitzen, gleichzeitig aber aufrecht, mit möglichst gerader Wirbelsäule. Für die meisten von uns ist es zunächst ungewohnt, längere Zeit aufrecht ohne Rückenlehne zu sitzen, oder gar im Lotossitz auf dem Boden. Unsere Rückenmuskulatur ist diese Sitzposition nicht gewöhnt und entsprechend unterentwickelt. Wer ohne Vorerfahrungen versucht, 30 Minuten auf dem Boden zu sitzen, der wird nicht mit einem entspannten Geist belohnt, sondern nur mit einem verspannten Rücken. Ich empfehle zu Beginn eher kürzere Zeit zu sitzen, beispielsweise 10 Minuten, am besten mehrmals am Tag. Die Meditation darf auf keinen Fall zu einer Mühsal werden, denn dann wird sie nur für kurze Zeit praktiziert und schnell wieder aufgegeben. Wichtig ist aber die regelmäßige Übung. Viele Lehrer empfehlen, immer zur gleichen Zeit und am selben Ort zu meditieren. Obwohl das sehr positive Effekte haben mag, ist es mir persönlich noch nie für längere Zeit gelungen und es fällt auch vielen anderen Menschen schwer.

Das in meinen Augen Besondere an der Meditation ist das absichtslose Tun und das stille Verweilen. Wir sind während der Meditation wach, aufmerksam und bewusst, aber wir wollen kein Ziel erreichen. Vielmehr nehmen wir einfach wahr, was sich uns darbietet. Mit Hilfe des inneren Beobachters registrieren wir unsere Gedanken und Erfahrungen, hängen ihnen aber nicht nach, sondern lassen sie ziehen, sobald wir sie bemerkt haben. Die Konzentration auf unseren Atem hilft uns dabei, immer wieder in den einzigen Moment zurückzukehren, den es gibt. Durch Achtsamkeit gelingt es uns, nichts zu verurteilen, sondern alles anzuerkennen und anzunehmen. Nach meiner Erfahrung ist absichtsloses Tun sehr schwierig. Wer sich zur Meditation hinsetzt, der wünscht sich meistens mehr Entspannung oder einen ruhigeren Geist, doch beides lässt sich nicht machen, sondern stellt sich vielleicht über das achtsame Wahrnehmen von alleine ein. Wenn wir in der Meditation etwas wollen, werden wir nichts erreichen. Aber ohne etwas zu wollen, so lautet ein berechtigter Einwand, würde ich ja niemals eine Meditation beginnen?! Und genau das stimmt. So paradox es klingen mag, es geht darum, das Nicht-Wollen zu wollen, sich bewusst Zeit für die Meditation zu nehmen, dann aber das geschehen zu lassen, was sich während der Meditation ereignet.

Wie bei allem gibt es auch bei der Meditation eine Reihe von Risiken und Nebenwirkungen. Diese werden in vielen Ratgebern ignoriert und es wird so getan, als sei Meditation das Leichteste und Selbstverständlichste auf der Welt, das jeder mit ein paar Sätzen Anleitung praktizieren kann. Doch was oft passiert, ist, dass wir unsere alten Muster während der Meditation einfach nur fortsetzen. Beispielsweise ist das Wahrnehmen dessen, was ist, ausgesprochen schwierig. Auch in der Meditation besteht die Gefahr, wirkliche Empfindungen weghaben zu wollen. Dann kann ich beim Kundalinī-Schütteln versuchen, meinen Ärger oder meine Traurigkeit wegzuschütteln, anstatt sie anzunehmen. Oder beim stillen Sitzen kann ich mich durch das Zählen des Atems innerlich wegbeamen, um das nicht fühlen zu müssen, was gerade ist.

Ich habe hier nur ein paar wenige Hinweise zur Meditation gegeben. Wer gerne meditieren lernen möchte, dem empfehle ich, an einem Meditationsseminar teilzunehmen. (Zur Orientierung siehe die Hinweise im Anhang: Meditationszentren).

„Bei mir ist sogar Entspannung Arbeit!"

Wenn wir uns vornehmen, unseren ruhelosen Geist zu entspannen und uns um mehr Achtsamkeit und inneren Frieden bemühen, dann wird erst einmal unser Geist selbst aktiv. Er reagiert vielleicht etwa so: *„Gut, du willst ein entspannteres Leben führen. Ich* *kümmere mich darum und werde mir die größte Mühe geben.* "Unser Geist glaubt also, einen neuen Job bekommen zu haben und wird sich ordentlich anstrengen, um diesen Job gut und gründlich zu erledigen.

In einer Zeitschrift fand ich vor einiger Zeit eine spezielle Beilage zu Entspannung und Wohlbefinden. Dort wurde ein Tagesablauf beschrieben, der möglichst entspannt sein sollte. Da wurde von 7.20 Uhr bis 7.40 Uhr Stretch-Yoga empfohlen, anschließend bis 7.55 Uhr genüsslich eine Tasse Tee trinken, danach eine Entspannungsmusik hören und sich dabei eine blühende Sommerwiese vorstellen. So ging das den ganzen Tag über weiter. Am Ende dieses Entspannungstages – er endete gegen 22 Uhr mit Yogaübungen in der Badewanne (!) – wären die meisten von uns wohl fix und fertig gewesen. Aber genau so funktioniert unser Geist: Er nimmt sich vor zu entspannen – und verspannt sich dabei nur noch mehr. Ein Klient von mir hat das neulich gut auf den Punkt gebracht: „Bei mir ist sogar Entspannung Arbeit!" Wir müssen daher sehr achtsam sein, sonst setzen wir auf subtile Art und Weise unsere alten Programme doch weiter fort – und glauben sogar, wir seien auf dem richtigen Weg. Unser ruheloser Geist hat uns früher zu Höchstleistungen am Arbeitsplatz angetrieben, heute fordert er, dass wir zu einem Entspannungskünstler werden.

Doch wir sollten nicht nur achtgeben, dass unser Denkapparat nicht wieder in seine „Arbeitermentalität" verfällt. Vorsicht ist auch geboten, wenn er versucht, unsere Sehnsucht und unser Engagement für ein entspannteres und achtsameres Leben zu sabotieren. Ich habe das über viele Jahre am eigenen Leibe zu spüren bekommen. Irgendwann vor längerer Zeit habe ich entdeckt, wie wohltuend verschiedene Meditationen auf mich wirken. Also entschied ich mich, regelmäßig zu meditieren. Doch mein Geist erlebte das scheinbar als Bedrohung und versuchte mich davon abzuhalten. Er hatte dafür viele gute Argumente, denen ich oft auf den Leim ging. Meistens fing es an mit einem: *„Du hast doch wirklich Wichtigeres zu tun als dieses komische Zeug.* "Wenn das nicht ausreichte, um mich von der Meditation abzubringen, kam: *„Gut, wenn du* *unbedingt meditieren willst, dann mach zumindest erst deine Arbeit fertig.*" Oft erledigte ich dann meine Arbeit und zum Meditieren kam ich nicht mehr. Fast jeder von uns kennt diesen inneren Saboteur, der uns davon abhält, gerade jene Dinge zu tun, von denen wir wissen, wie gut sie uns eigentlich tun. Vielleicht hast du dich auch schon mal zu einem Yogakurs angemeldet und bist dann nur zweimal hingegangen? Oder du hast dir vorgenommen, wieder regelmäßig zu joggen und hast gerade eine Woche durchgehalten? Beobachte daher deinen Geist sehr genau, wie er auf den Wunsch reagiert, den Gedankenlärm zu reduzieren und innerlich loszulassen. Typische Kommentare können beispielsweise sein:

„DU brauchst das doch alles nicht."
„Das wirst du nie schaffen."
„Das stimmt doch alles gar nicht, was in diesem Buch steht."
„Leg gleich morgen richtig los!"
„Es gibt für dich wirklich Wichtigeres, als dich mit solchen Dingen zu beschäftigen."
„Jetzt kommst du schon wieder mit so einer neuen Idee. Aber du wirst schon sehen, dass das nicht klappt."
„Das kennst du doch alles schon, wann kommt denn endlich was Neues?"

Kommt dir der eine oder andere Kommentar vertraut vor?

Der nächste Schritt

Möglicherweise hast du schon die Entscheidung getroffen, dich in deinem Leben um mehr Bewusstheit und Gegenwärtigkeit zu bemühen. Dieses Buch kann ein erster, sehr wichtiger Schritt sein. Und es ist schön, wenn ihm weitere folgen! Ich bin oft gefragt worden, wie es denn weitergehen kann. Es ist gar nicht leicht, unter all den vielen verschiedenen Angeboten die richtige Unterstützung zu finden. Soll ich weitere Bücher zu diesem Thema lesen, irgendwelche Methoden praktizieren oder an Kursen teilnehmen? Im Folgenden findest du einige Empfehlungen, die ich mit einem guten Gefühl allen Lesern mitgeben kann und die schon für andere Menschen hilfreich waren.

„Integriere Achtsamkeit und Bewusstheit in deinen Alltag!"

Nach meiner Erfahrung ist es besonders wichtig, unseren Alltag zu verändern, damit unsere Bewusstheit mehr Raum bekommt. Du kannst dir beispielsweise vornehmen, mehrmals am Tag deinen Atem zu beobachten, eine bestimmte Tätigkeit achtsam zu praktizieren oder mit bestimmten Meditationsübungen zu beginnen. Gönne dir jeden Tag einige Minuten, am besten sogar ½ Stunde Zeit dafür. Wir verwenden tagtäglich viel Zeit darauf, unseren Körper zu pflegen, zu duschen, uns die Zähne zu putzen und die Haare zu kämmen. Auch unser Geist braucht diese Pflege. Je regelmäßiger wir uns daran erinnern, umso tief greifender kann die Veränderung werden.

„Lerne deinen ruhelosen Geist zu beobachten!"

Je mehr du lernst, im Alltag deinem Geist bei seiner Arbeit zuzuschauen, umso leichter wird dir die Distanzierung von deinen Gedankenprozessen gelingen. Nimm wahr, wenn er dich wieder in eine Geschichte entführt, sich Sorgen macht oder planen will. Im Laufe der Zeit wirst du mehr und mehr entscheiden können, ob du deinem Denken folgen willst oder nicht. Eine wichtige Hilfe dabei ist die Meditation.

„Sprich mit jemandem darüber!"

Was du in diesem Buch gelesen hast, kann unsere gewohnte Wahrnehmungsweise ganz schön durcheinanderbringen. Es ist wichtig, Verbündete zu finden, um diese veränderte Sichtweise vertiefen zu können. Sprich daher mit anderen Menschen über die Inhalte dieses Buches. Vielleicht hast du einen Freund oder eine Freundin, die auch offen sind für diese Themen. Oder du kannst dich mit deinem Lebenspartner austauschen? Besonders schön kann es auch sein, Auszüge aus diesem oder einem anderen Buch mit ähnlichem Inhalt gemeinsam zu lesen und anschließend darüber zu sprechen.

„Besuch eine Gruppe für Bewusstseinsarbeit!"

Es gibt viele Seminare und Kurse, die uns helfen, mehr Achtsamkeit und Bewusstheit zu entwickeln. Dazu gehören viele Yogakurse, Meditationsgruppen, Achtsamkeitsseminare wie MBSR-Kurse oder MBCT-Kurse, Tai Chi, Feldenkrais oder auch manche therapeutischen Gruppen. In einer Gruppe erfahren wir Unterstützung von den anderen Teilnehmerinnen und Teilnehmern und von der Leitung. Dort lässt sich Bewusstheit und Achtsamkeit spürbar erleben, wie es durch die Lektüre eines Buches nicht möglich ist. Oft werden solche Kurse auch preiswert von Volkshochschulen angeboten.

„Lies weitere hilfreiche Literatur!"

Es gibt viele Bücher, deren Lektüre uns das Verstehen und Distanzieren von unseren unnützen Gedankenprozessen erleichtert. Im Anhang findest du einige Anregungen. Du kannst nach einer gewissen Zeit auch dieses Buch noch einmal lesen. Markiere dann jene Stellen, die dir wichtig sind, und mach jene Übungen, die du bisher ausgelassen hast.

Wie Wachstum geschieht

Solange wir unseren Gedankenstrom noch nicht so gut beobachten können und noch nicht wirklich von ihm distanziert sind, so lange hat er noch einen großen Einfluss auf uns. Daher ist der Beginn eines an Wachstum und Entwicklung ausgerichteten Weges oft der schwierigste Teil unserer Reise. Ein indischer Meister hat einmal gesagt: „Am Anfang ist alles Arbeit, aber irgendwann geschieht es wie von alleine." Meistens ist unser denkender Geist ein ungeduldiges Wesen. Veränderung soll nicht irgendwann eintreten, sondern am besten jetzt sofort. Dies ist einer der Gründe, warum so viele Menschen den Weg mit guten Vorsätzen antreten und ihn nach kurzer Zeit wieder aufgeben. Ihnen ist der Geist dazwischengekommen, der es mit der Angst zu tun bekommen hat, der anderes für wichtiger hielt oder der Überzeugung war, dass all die Bemühungen zu nichts führen würden. Ärgere dich nicht, wenn du dir vorgenommen hast, dich zukünftig mehr mit Bewusstseinsarbeit und Achtsamkeit zu beschäftigen, und du nach drei Wochen merkst, dass du all deine guten Vorsätze schon wieder über Bord geworfen hast. Das ist ganz normal! Lass aber nicht zu, dass deine inneren Stimmen dich dafür verurteilen. Versuche einfach, wieder Kontakt mit deiner Sehnsucht und deiner Entschlossenheit aufzunehmen, und setze deine Achtsamkeit fort.

Nach meiner Erfahrung geschieht inneres Wachstum anders, als unser vernünftig denkender Geist das erwartet. Entwicklung ist nicht planbar, nicht vorhersagbar. Wir begeben uns nicht auf eine Pauschalreise, bei der wir am Montag schon wissen, wo wir am Freitag um 17.30 Uhr sein werden. Es ist eher eine Abenteuerreise mit viel Unerwartetem und Neuem. Wachstumsprozesse ereignen sich oft nicht linear. Sie sind manchmal sprunghaft, aber auch Phasen des Stillstands gehören dazu. Ich vergleiche menschliche Entwicklung gerne mit dem Chinesischen Bambus. Diese Bambusart wächst zunächst mehrere Jahre nur unter der Erde, um im darauffolgenden Jahr plötzlich viele Meter in die Höhe zu schießen. Ich habe mich beispielsweise viele Jahre darum bemüht, regelmäßig zu meditieren, und es war wirklich ein Be-

mühe-n. Irgendwann, ich weiß es noch genau, es war an einem Spätsommertag, setzte ich mich auf mein Meditationskissen, nicht mehr mit einem *Du solltest aber*, sondern aus einem sehr tiefen inneren Bedürfnis heraus. Seitdem meditiere ich täglich und bedaure es, wenn ich an einem Tag nicht dazu komme. Wir können unseren inneren Wachstumsprozess nicht *machen*, aber wir können viel dafür *tun*. Wahrscheinlich hat mein jahrelanges Ringen um eine regelmäßige Meditationspraxis und meine Teilnahme an verschiedenen Seminaren dazu beigetragen, dass ich mich irgendwann wie selbstverständlich zur Meditation hinsetzen konnte. Wir können den Boden bereiten, damit wir achtsamer, lebendiger und freudvoller werden und dann eines Tages geschieht es tatsächlich.

Mit der menschlichen Entwicklung ist es so wie mit einer Zwiebel. Hinter der äußeren Schicht verbirgt sich eine weitere, hinter der wieder eine weitere verborgen ist und auch dahinter befindet sich noch eine Schicht. So kann eine eher äußere Schicht der Zwiebel darin bestehen, dass es uns gelingt, unseren Körper besser zu entspannen, und nur soviel Arbeit zu erledigen, wie wir auch schaffen können. Später bemerken wir dann erst, welche Empfindungen wir durch unseren Dauerstress lange Zeit vermieden haben. Vielleicht zeigt sich Angst. Wenn wir dann bereit sind, vor dieser Angst nicht länger davonzulaufen, klingt sie langsam ab und macht einem verstärkten Vertrauen Platz. Wenn wir nun leichter der Welt und anderen Menschen vertrauen können, geraten wir in eine viel tiefere Ebene der Entspannung und des Loslassens, als es uns zu Beginn möglich war.

Menschliches Wachstum ist nicht irgendwann abgeschlossen. Wir sind nicht irgendwann (fix und) „fertig", sondern unsere Entwicklung geht immer weiter. Das zu durchschauen kann uns einen Schauer über den Rücken jagen und eine tiefe innere Freude oder auch Sehnsucht auslösen. Es gibt so viel in diesem Leben zu entdecken und zu erleben! Von vielem, was auf uns wartet, haben wir erst eine blasse Ahnung und das meiste können wir uns noch ganz und gar nicht vorstellen – wir sehen immer nur bis zur nächsten Zwiebelschicht und auch das nur sehr verschwommen.

Vielleicht bist du beim Lesen an manchen Stellen mit der Sehnsucht deines Herzens in Berührung gekommen. Dein Herz kennt die Welt hinter den Gedanken, denn es ist dein eigentliches Zuhause. Es jubelt, sobald wir mit unserer inneren Heimat in Berührung kommen. Wir spüren das beispielsweise als eine Begeisterung oder auch als eine angenehme Form der Aufregung. Manchmal gibt es auch das Empfinden der absoluten Gewissheit, dass das Gesagte einfach wahr ist.

Das wahre Wesen unseres Geistes ist Stille. Wir können achtsam und lebendig im gegenwärtigen Augenblick leben. Unser Geist wird zu einem kraftvollen Verbündeten, der uns hilft, deutlich und klar wahrzunehmen, was in uns und um uns herum geschieht. Wir sind nicht länger geblendet von Vergangenheit oder Zukunft und von den Konzepten in unserem Kopf. Sobald das innere Geplapper abklingt, beginnen wir unser Potential und unser wirkliches Wesen zu entdecken und zu leben!

Die Stille des Verstandes kann nicht erarbeitet werden

Diese Stille des Verstandes kann auch nicht erarbeitet werden,
nicht so, wie beim Erlernen einer Fremdsprache,
wofür man jeden Tag übt und neue Vokabeln lernt.
Eher so, wie man das Schwimmen lernt.
Man geht zwar immer wieder in das Wasser,
macht immer wieder diese Bewegung,
aber es ist nicht wirklich ein Lernen.
Denn die Bewegung des Schwimmens kannst du
    in fünf Minuten lernen.
Es nutzt nichts, dass du sie auf dem Rasen drei Jahre lang übst.
Dadurch lernst du nicht Schwimmen.
Immer wieder ins Wasser gehen,
    weil du schwimmen lernen willst –
was machst du da eigentlich?
Irgendwann gibt es den Moment, wenn du dich fallen lässt und
dem Wasser anvertraust und plötzlich merkst,
du kannst schwimmen.
Nicht, dass du es gelernt hättest, sondern plötzlich kannst du es.
Was war nötig, vorher immer wieder
    in das Wasser hineinzugehen,
solange, bis dieser Moment geschieht.
Die Schwimmbewegungen sind sehr einfach.
Der Verstand *kann* still werden.
Er kann still werden.
Das ist wichtig zu wissen.
Auch wenn du es zunächst nicht glaubst,
    weil du es nicht gewohnt bist
und weil der Verstand bisher immerzu plapperte.
Er *kann* still werden.
Jetzt.

Christian Meyer,
Methoden-Sammlung, Berlin 2007 S.6 – 7.

Buchempfehlungen

Bonnie Badenoch. *Gehirn und Psyche.* Arbor Verlag, 2010

Erika J. Chopich und Margaret Paul. *Aussöhnung mit dem inneren Kind.* Ullstein Verlag, 1998

David Dewulf. *Das Arbeitsbuch der Achtsamkeit – Gelassen durch den Alltag surfen.* Arbor Verlag, 2010

Jan Eßwein. *Meditation für Neugierige und Ungeduldige.* Gräfe und Unzer, 2008

Matthias Hammer. *Das innere Gleichgewicht finden. Achtsame Wege aus der Stressspirale.* Balance Verlag, 2009

Steven C. Hayes. *In Abstand zur inneren Wortmaschine.* Dgvt Verlag, 2007

Jon Kabat-Zinn. *Gesund durch Meditation.* Frankfurt a. M., 2006

Jeru Kabbal. *Quantensprung zur Klarheit.* Kamphausen Verlag, 2008

Jack Kornfield. *Das weise Herz. Die universellen Prinzipien buddhistischer Psychologie.* Arkana Verlag, 2008

Jack Kornfield & Joseph Goldstein. *Einsicht durch Meditation – Die Achtsamkeit des Herzens.* Arbor Verlag, 2006

Eckhart Tolle. *Jetzt. Die Kraft der Gegenwart.* Kamphausen Verlag, 2002

CDs

Die heilende Kraft der Achtsamkeit – Stärkung der Gesundheit mit Hilfe einer alten buddhistischen Praxis von Jon Kabat-Zinn. Arbor Verlag, 2010

Achtsamkeit und Meditation im täglichen Leben von Jon Kabat-Zinn. Arbor Verlag, 2007

Kundalinī-Meditations-CD. Die beliebte Abendmeditation in vier Phasen. Innenwelt Verlag.

Eckhart Tolle. *Torwege zum Jetzt.* CD: Die drei Techniken zu höherem Bewusstsein. Goldmann Verlag.

Bücher für Menschen mit psychischen Schwierigkeiten

Brantley, J. *Der Angst den Schrecken nehmen: Achtsamkeit als Weg zur Befreiung von Ängsten.* Arbor Verlag, 2009 (erweiterte und überarbeitete Neuauflage)

Mark Williams, John Teasdale, Zindel Segal und Jon Kabat-Zinn. *Der achtsame Weg durch die Depression.* Mit zwei CDs. Arbor Verlag, 2009

Meditationszentren

Meditationszentren finden sich unter:
www.arbor-verlag.de/meditationszentren

Ausführliche Informationen gibt auch die „Deutsche Buddhistische Union“:
www.dharma.de

Danke

Herzlichen Dank an alle, ohne deren Hilfe dieses Buch nie möglich geworden wäre:

Anadi, Anke, Anutosho, Ayama, Armin, Betina, Brigitte, Claudia, Dorothee, Eva, Gabriele, Gabriela, Jivan, Leo, Marie, Ossi, Pari, Rami, Ranvita, Subodhi, Thomas, Uli.

Einen herzlichen Dank auch an meine Klientinnen und Klienten, mit denen ich so gerne arbeite!

Dieses Buch entstand größtenteils während einer Klausur im Alexis Zorbas Zentrum auf Korfu (www.alexiszorbas.com)

Zum Autor

Andreas Knuf ist Psychologischer Psychotherapeut und arbeitet in eigener Praxis in Konstanz am Bodensee. Seit Jahren integriert er klassische Psychotherapie und Methoden aus spirituellen Traditionen, vor allem Achtsamkeitsansätze. Weitere Informationen zum Autor und zu Lesungen, Fortbildungen und "Ruhe da oben!"-Seminaren gibt es unter **www.ruhe-da-oben.de**

Weitere Literatur aus dem Arbor Verlag

Elizabeth Hamilton

Und immer plappert der Papagei –

Zen als Lebenskunst

oder wie es ihnen gelingen kann,
das nimmermüde Tierchen zu zähmen

Und immer plappert der Papagei ist der würzige Praxis-Mix einer erfahrenen Zenlehrerin.
Elisabeth Hamilton hilft uns, die Verstrickungen unseres konditionierten Geistes auf frische Art und auf neuen Wegen zu untersuchen. Übungen, Erzählungen und Anekdoten voller Leben und Humor verweben sich hier mit der tiefen Weisheit des Zen-Weges.
Trotz oder gerade wegen seiner Leichtherzigkeit ein ungewöhnlich ergiebiges Arbeitsbuch für die tägliche Meditationspraxis.

„Vieles von dem, was ich an mir selbst für einzigartig gehalten hatte, erwies sich als die Versponnenheit eines gut dressierten Papageis, als tief eingefahrene, konditionierte Sichtweisen, die ich mir wie jeder andere im Laufe des Versuchs angeeignet hatte, ein Jemand zu sein. Das ist nichts Schlimmes; aber dummerweise klammern wir uns an dieses Evangelium vom eigenen Selbst wie an ein Rettungsboot."

Dzigar Kongtrül

Licht bricht durch

Das Erwachen unserer natürlichen Intelligenz

Unsere Gedanken und Gefühle gehen oft mit uns durch. Im Bruchteil einer Sekunde kann unsere Stimmung von „himmelhoch jauchzend“ auf „zu Tode betrübt“ umschlagen. Kein Wunder, dass es uns manches Mal so scheint, als würden wir wie in einem führerlosen Zug durch unser Leben dahinrasen.
Mit ebenjener für Dzigar Kongtrül charakteristischen humorvollen, tiefen Klarheit lädt er uns spielerisch und herausfordernd ein, in das Kraftfeld des menschlichen Geistes einzutauchen. Dabei geht es um verwirrende Gefühle, unsere Beziehungen zu anderen, die Falle der Selbstzentriertheit und die Praxisfelder in der Arbeit mit einem buddhistischen Lehrer.

John Makransky

Erwachen durch Liebe

Wie wir unser grundlegendes Gutsein enthüllen können

Alles, was für uns menschliche Wesen von entscheidender Bedeutung ist, hängt von Liebe ab. Kraftvolle und beständige, in Weisheit fußende Liebe ist das Allheilmittel für die Krankheiten dieser Welt, angefangen bei unseren eigenen. Wir alle tragen diese heilende Kraft des Gutseins in uns; wir brauchen bloß die Methoden, um sie zu enthüllen.
Erwachen durch Liebe stellt solche Methoden zur Verfügung.

Ein Buch für all jene, die unabhängig von ihrer religiösen Zugehörigkeit nach klaren, konkreten Möglichkeiten suchen, die Kraft der Liebe und des Mitgefühls zu verwirklichen, sowie für Meditierende, die sich erneut mit der Einfachheit der Praxis verbinden wollen.

Arbor Verlag • 79111 Freiburg • Tel. 0761. 401 409 30 • info@arbor-verlag.de